El espacio regional del mundo de Hugo Foguet

Gustavo Geirola

El espacio regional del mundo de Hugo Foguet

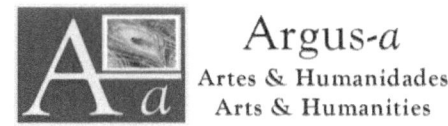
Argus-*a*
Artes & Humanidades
Arts & Humanities

Buenos Aires, Argentina - Los Ángeles, USA
2018

El espacio regional del mundo de Hugo Foguet

ISBN 978-1-7323474-5-8

Ilustración de tapa: Vania Paola Bilen
Diseño de tapa: Argus-*a*.

© 2018 Gustavo Geirola

All rights reserved. This book or any portion thereof may not be reproduced or used in any manner whatsoever without the express written permission of the publisher except for the use of brief quotations in a book review or scholarly journal.

Editorial Argus-*a*
16944 Colchester Way,
Hacienda Heights, California 91745
U.S.A.

Calle 77 No. 1976 – Dto. C
1650 San Martín – Buenos Aires
ARGENTINA
argus.a.org@gmail.com

A Gustavo Fontanarrosa, en su memoria

Dedico este ensayo a mi amigo Gustavo Fontanarrosa, quien fue alguien crucial durante los años de mi estadía en Tucumán (1981-1990), no solo por el apoyo incondicional que siempre me brindó desde la Dirección de Cultura de la Provincia de Tucumán, sino por haberme hecho conocer las claves más íntimas de la cultura de la ciudad de San Miguel de Tucumán, de la provincia y del Noroeste argentino, particularmente en aquellos tiempos turbulentos y sangrientos de la dictadura (1976-1983), y porque además fue quien me presentó a Hugo Foguet, probablemente en algún momento entre 1982 y 1984.

Advertencia al lector

Este ensayo, como se verá, no escapa, como *Pretérito Perfecto*, a la cuestión del archivo. Fue escrito en Arizona por los años 1992 ó 1993 y, por alguna razón, el mal de archivo se lo hizo devorar al olvido, puesto que, contra lo que yo pensaba, no había sido publicado. Debido a las mudanzas posteriores, permaneció perdido, hasta que pude hallarlo en mayo de 2018 entre otros papeles de entonces. Si hoy me animo a publicarlo es porque intuyo que este ensayo pareciera tomar mayor relevancia en la Argentina de hoy que en la de principios de la década del 90. Al volver a transcribirlo a mi computadora, he ido realizando mínimas modificaciones y actualizaciones. Como la bibliografía sobre Foguet cuenta con algunos ensayos críticos posteriores, particularmente los de Isabel Aráoz y Verónica del Carmen Gutiérrez, decidí conectarme con ellos y, para hacerlo sin intervenir demasiado mi texto original, he puesto notas al pie cuando me ha parecido conveniente.

Sin embargo, la cuestión del archivo todavía se remonta más atrás en el pasado. El 21 de febrero de 1988, La Gaceta de Tucumán había publicado en su Suplemento Literario un ensayo mío sobre *Naufragios*, un libro de poemas de Hugo Foguet, bajo el sugerente título "El futuro imperfecto de Hugo Foguet". No tenía copia de esa publicación ni tampoco memoria de lo que había planteado en aquella oportunidad; fueron infructuosos mis intentos de recuperarlo recurriendo a La Gaceta. Finalmente, Inés Aráoz me hizo saber que lo tenía en su archivo y entonces muy gentilmente me lo envió por Facebook. Agradezco intensamente a Inés por permitirme recuperar esa lectura de las garras del mal de archivo. Lo cierto es que estos ensayos olvidados, perdidos y re-hallados, dan cuenta de un goce que me concierne en relación a la escritura foguetiana y a mis años en Tucumán.

LA PRESIDENTE DE LA NACION ARGENTINA en Acuerdo General de Ministros, D E C R E T A:

ARTICULO 1°.- El Comando General del Ejército procederá a ejecutar las operaciones militares que sean necesarias a efectos de neutralizar y/o aniquilar el accionar de los elementos subversivos que actúan en la Provincia de TUCUMAN. (Decreto Secreto N° 261, del 5 de febrero de 1975, firmado por María Estela de Perón y sus ministros).

Y nos negamos a imaginar el futuro; el futuro no existe; sólo cuenta el presente—el ayer y el mañana—y la historia—el pretérito perfecto de Clara Matilde, la forma subjetiva del pasado que aspira a sobrevivir en el presente, el tiempo recobrado por la palabra—ha caducado. [...] ¿Cómo reconstruir ese lenguaje al que el aire del tiempo prestó una sintaxis distinta, recuperar los significados, las inflexiones de voz con que cada palabra fue pronunciada, en este siglo estridente de triviales comentaristas de políticas gastadas, de amplificadores, sirenas, bombas y reducidas habitaciones?

Hugo Foguet, *Pretérito Perfecto* 232-234[1]

---

[1] Salvo indicación en contrario, todas las páginas corresponden a *Pretérito Perfecto*.

INDICE

I

Chisme y rumor, sueño y memoria   3

De la verdad, del peligro y de la ética   9

Rumor, profecías y represión   15

Rumor y castigo   19

Hacer hablar / hablar de hacer   23

II

Polifonía, ironía y repetición   31

Ironía, tradiciones e intertextualidad: androginia

y hermafroditismo   43

La novela y el tiempo   53

Sueño, apolocalipsis y malestar en la cultura   57

III

Lugares y espacios: del 'aca' y del 'acá'   63

La novela-casa / la novela-ciudad / la novela-cementerio   67

Alternativas y fronteras   77

Itinerarios y lecturas   83

Bibliografía   87

I

Chisme y rumor, sueño y memoria

El extenso sintagma novelesco que es *Pretérito Perfecto* (1983), escrito por el tucumano Hugo Foguet (1923-1985), comienza con un "Te cuento…" (13). Inaugura así un envío al lector o a los personajes consistente en un paquete de enunciados que no remite tanto a un decir pleno o una intención narrativa explícita, sino a un murmullo donde el otro (personaje, lector) tiene que hacer sentido, pues la frase, situada en el contexto del habla tucumana, oficia como el umbral del chisme. La escritura, pues, comienza hablando del relato, hablando de narrar. Contar una historia es un gesto que define al discurso literario (narrativo) y al discurso histórico (narrativo también): Foguet abre la segunda parte de su novela con dos citas de George Steiner que en cierto modo marcan, por un lado, un ideario de escritura y, por otro, un acercamiento al psicoanálisis y las corrientes críticas de los *sixties* hasta fines de los 80: la lingüística, la antropología levistraussiana, el estructuralismo barthesiano, etc.

> El pasado tal y como lo conocemos es, en su mayor parte, una construcción verbal. La historia es un acto verbal, un uso selectivo de los tiempos pretéritos. (…) ¿Qué realidad material tiene la historia fuera del lenguaje, fuera de nuestra fe razonada en registros esencialmente lingüísticos (el silencio no conoce historia)?" (41).

Sin embargo, todo el esfuerzo escriturario en *Pretérito Perfecto* está orientado a capturar ese silencio y ponerle significantes; hay una convicción respecto al silencio y lo silenciado, como resultado del mal de archivo, esto es, aquello olvidado y reprimido en el archivo, sea éste Clara Matilde o los documentos y las notas de los viejos periódicos; hay un afán de recuperar —como veremos luego— aquello enmudecido por la pulsión de muerte. La novela de Foguet, que apela a ambos discursos —el literario y el histórico— agrega, sin embargo, un nuevo matiz. Desde una perspectiva dialectológica, la frase inicial "te cuento", como suele usársela en el habla de Tucumán, más que dar cuenta de una intención de narrar, implica un cierto programa de circulación de la información. La frase —pronunciada en voz baja, como un murmullo— inaugura un espacio sospechoso e irresistible de transmisión, usualmente de pequeñas historias malintencionadas que alcanzan a veces la clandestinidad típica de la circulación pública de un secreto, con específico posicionamiento del receptor como un aliado cómplice. Así, *Pretérito Perfecto* se constituye como una novela formada por chismes que devienen cadenas y, en consecuencia, rumores, murmullos obscenos de las voces que no llegan a decir algo plenamente o no concluyen ofreciendo certeza: "Y Clara Matilde se perdió en recuerdos que muchas veces interrumpía porque no estoy muy segura, señor Furcade, eran cosas que me contaban" (327); "La suya era una versión de segunda o tercera mano y ya sabe usted cómo se fabula y exagera" (328). El resultado es una construcción sospechosa, distorsionada e incontrolable de la realidad, con máscaras y relatos de consistencia dudosa.

> Nuestra mejor literatura ha sido y será, por el momento, oral. Lujos del subdesarrollo. Brillante, matizada, fragmentaria, chismosa, anche profunda a veces, efímera. Como el buen jazz una improvisación para una vez única que nadie registra y tan solo es confiada a la memoria. (287)

El chisme es una información pronunciada a media voz; responde a protocolos de afinidad y complicidad y se sitúa entre lo público y lo privado. El chisme es aquello que hace sentido frente al escamoteo oficial de información, frente a lo ocultado o reprimido, frente a lo invisible de un acontecimiento que, al borde a veces del escándalo, todavía no cuaja como información confirmada. El chisme hace cadena y prontamente se transforma en rumor. Como tal, se instaura como un enunciado compuesto por múltiples voces, sujeto a agregados y deformaciones progresivas que, asegurando la cohesión y solidaridad social, expresa miedos y ansiedades colectivas, colmando de ese modo, si se quiere precario y anticipado, un deseo morboso insatisfecho, o gesticulando una venganza simbólica sobre algo repudiado o rechazado. Chisme y rumor se ofrecen como una forma narrativa de variable extensión que, a causa de su circulación no avalada ni garantizada por la certeza, se renueva en cada enunciación, distorsionándose y, al mismo tiempo, moldeando constantemente una realidad inverificable.

Si el rumor intenta dar sentido a lo sospechado, lo mismo le ocurre a Ramón Furcade, el escribiente que entrevista a Clara Matilde de la Concepción Navarro Páez de Sorensen, la anciana matrona oligarca, y quien no puede dejar de comentar, acotar, corregir e interpretar, es decir, 'hacer sentido' de los "jirones del pasado" 77) que ésta recuerda:

> ¿Era París el mundo y los suburbios de París los suburbios del mundo? ¿Qué sombras molía el trapiche en el ingenio

> y qué humos envolvían las torres románticas y los campanarios de las iglesias de París? Usted [Clara Matilde] nunca se lo preguntó. (58)

El encuadre de la entrevista es *casi* psicoanalítico, esto es, aparentemente analítico; ella habla y él escucha y puntúa. Y es 'casi' analítico porque aunque está en juego la historia familiar de Clara Matilde como representante de su clase, ella no ha demandado ningún saber sobre su pasado 'perfecto'. Es Furcade quien desea saber la 'verdad' de ese pasado; es a él a quien le importa reconstruir la novela familiar/nacional y, en ese movimiento sutil de la conversación, pasa de escuchar a la anciana a articular su propio relato, a recorrer asociativamente su propia memoria:

> Ahora recuerdo la *boiserie* del gran comedor victoriano donde uno podía mirarse... la tapicería de Flandes... las alfombras... la platería que brillaba en las vitrinas y cuando uno piensa, como usted dice, que no se conocían aspiradoras, ni lustradoras, que todo se hacía a mano, a sangre ¿verdad?, cuando abundaba y era barata. (46)

Memoria y rumor están siempre asociados en la novela de Foguet, al igual que memoria y sueño: "El recuerdo y los sueños, pensó Furcade, gozan de una parecida impresión" (150). Se trata siempre de ese reservorio de imágenes y experiencias que, configurando la subjetividad, se sitúa más allá de toda evidencia concreta. Con ese "te cuento" inicial, *Pretérito Perfecto* se instala como chisme, que progresa al punto del rumor y se anuda a la memoria; al igual que el chisme, la novela que se derrama a partir de esa frase inicial selecciona su interlocutor e, inmediatamente, se inclina hacia el relato de un sueño que, como formación del inconsciente y en tanto cifrado, solicita su interpretación. Si el chisme y el rumor incitan a la sospecha y abren al yo las puertas a una pesquisa que confirmaría una verdad presentida, el sueño en cambio apunta a otro sujeto, ya no el de la conciencia, sino el sujeto de la escritura, el sujeto responsable de la elaboración onírica.

El sueño de Max que abre la novela pone entonces a los personajes y al lector mismo en una posición de desciframiento, analítico o meramente curioso, y lo instala frente a un texto cuyo trabajo (su escritura) exige a la vez otro trabajo (su lectura como desciframiento e interpretación). Y al hacerlo, regresa la operación de la lectura al rumor o a la interpretación, ambos en cierto modo re-escrituras que instalan cadenas de producción infinita de sentido. Como lo plantea Patricia Leyack en el campo del psicoanálisis:

> El inconsciente escribe. El asunto para nosotros, analistas, es cómo acceder a esas escrituras, cómo descifrarlas y producir con nuestra lectura una reescritura que, apostamos, modifique la posición del sujeto en relación al goce. (36)

Sin duda, nuevamente, el encuadre Furcade-Clara Matilde no es analítico: nada sabemos de la modificación de ninguno de ellos en su posición relativa al goce. No hay, pues, pase en sentido lacaniano; hay final, punto muerto, fin de la conversación, de la novela y del mundo.

La novela de Foguet, además, termina con otro sueño, también de Max. Entre ambos sueños la novela se extiende convocando miles de citas, diversas lenguas y dialectos, desplazamiento de las voces y las verdades, encuentros felices y grotescos. Es así que *Pretérito Perfecto*, desde ese "te cuento" y el 'primero' sueño, se despliega desde aquello que atañe a Max – la novela familiar del neurótico—a un texto mucho más abarcador que, lentamente, ofrece la novela familiar de una ciudad y hasta de una nación. El lector entonces queda frente a un doble itinerario: puede sentirse apelado por la complicidad que inaugura el "te cuento" o bien puede admitir la demanda de interpretación del sueño. Aunque hay una distancia entre ambas solicitaciones, también hay puntos de convergencia: el chisme abre la cadena del rumor porque, precisamente, se ampara en comunicar una información todavía clandestina, no verificada; generalmente lo hace bajo promesa de no divulgar lo escuchado, prohibición que obviamente dispara el rumor en sucesivas e imparables transgresiones. El encuadre analítico, por su parte, que tampoco solicita evidencias, admite un contrato de privacidad y confidencialidad que, a su manera, también es una complicidad respecto a aquello que se cuenta y se interpreta. Si un análisis hace cadena, a la manera del chisme y el rumor, ya no es por la circulación de los contenidos (al menos eso se espera de analista y analizante), sino por la recomendación del analista a nuevos pacientes. Lo que nos importa, en todo caso, es subrayar el hecho de que tanto chisme y rumor, como sueño y memoria, dejan emerger un relato polifónico con verdades no verificables o para las cuales cualquier evidencia (como ocurriría en el campo jurídico o histórico), tal como Furcade se esmera en hallar para llenar los huecos del relato, es completamente irrelevante.

De la verdad, del peligro y de la ética

Como ya vimos, el chisme, formado por palabras, tachonado de voces y de citas, se expande en cadenas rumorosas que, al margen de la información autorizada, abren una zona de peligro, de ilegalidad para el implicado. Cada vez que el chisme pasa de un individuo a otro admite la sobreimposición de una voz (hasta por el grano de la voz) o de una visión que, por rebote, permite percibir cómo se va elaborando colectivamente un sujeto preciso: el sujeto de la ética de la época. Así, el chisme es una puerta regia para el inconsciente transindividual (no colectivo, ni universal ni atemporal), según lo definía Lacan. En este sentido, el chisme (como el chiste) sólo se hace inteligible para los integrantes de la parroquia, esto es, en el campo preciso, específico, de una dinámica social atravesada por cierta codificación social de la verdad. Rumor y chisme son siempre semblantes de la verdad, aunque sean falsos. Como información secreta, pronunciada a media voz, el chisme no solo comunica un evento usualmente transgresivo, sino que porta una evaluación crítica de lo comunicado. Hay una ética funcionando antes de la producción misma del enunciado chismoso. La fascinación que produce, su irreverente y clandestina circulación al margen de lo permitido, de lo legal u oficial, no procede de una fuente misteriosa de la enunciación (sea conjetura, sospecha, venganza solapada, injuria reprimida), sino de una estrategia específica del poder: el chisme siempre es un atentado contra la decencia, lo admitido, lo normal. Y opera por adhesión y complicidad entre emisor y receptor, no solo por la seducción que supone una alianza sobre lo prohibido al margen del poder constituido, de lo público o del Estado, sino porque compromete una creencia en aquello que no puede ser otra cosa que una falla del poder, en lo que la ley no logra controlar: el chisme, como primera instancia de transgresión, se acerca de ese modo al crimen y, por esa vía, pone en emergencia los saberes y valores constituidos, amenaza desde allí al poder. Apunta, de ese modo, a un fantasma (obviamente privado, pero no necesariamente individual) que no puede confesarse de otro modo y por lo tanto a un goce y un real que no pueden significantizarse. En cierto modo, el chisme es una forma de la resistencia al discurso dominante que circula socialmente, ya que establece una adhesión de aquellos receptores que, de inmediato, lo diseminan como emisores y, al hacerlo, lo transforman; es una forma oblicua o encubierta de la parresia, tal como Foucault la ha definido,[2] puesto que circula como una verdad en la que se cree y que no necesita de evidencias o verificación. En todo caso, la complicidad que instaura solidifica la consistencia del chisme en cuanto a una verdad que se da por descontada.

Así, *Pretérito Perfecto* desde su primer sintagma se postula como una narración construida al margen de lo "oficial", de la historia oficial, esto es, una historia paralela o suplementaria de la historia oficial de la región, al margen de lo consagrado o conocido y ya estereotipado de la literatura regional; ese "te cuento" inaugural tiene como objetivo, en todo caso, alertar sobre la ficcionalización de la verdad como semblante, capaz de

---

[2] Para Foucault "la *parresia* es cierta actividad verbal en la cual el que habla mantiene una relación peculiar con la verdad a partir de la franqueza, cierta relación consigo mismo a partir del peligro, cierta relación con la ley a partir de la libertad y el deber y cierta relación con los otros a partir de la crítica, crítica de sí o crítica de los otros. (85)

suturar las faltas o agujeros de la historia oficial con citas y voces, incrustando lo silenciado de lo oficial: "La ciudad muestra esos agujeros de mala dentadura" (421). Abre así el doble juego de, por un lado, poner en tela de juicio la verdad oficial y, por otro, extender el verosímil histórico en lo que, aún inverificable, pueda admitir no obstante el poder o eficacia de lo poético. En este sentido, la novela de Foguet no puede clasificarse como novela histórica que quisiera dar una nueva perspectiva, ampliada y corregida, de lo que ya se sabe por el discurso histórico. Foguet edifica un constructo narrativo auténticamente poético que, frente a la devastación de las verdades burguesas y populistas, siempre oficiales y autoritarias, trata de elaborar una visión del pasado de una ciudad en el encuadre mitológico de una aristocracia azucarera devastada pero todavía políticamente activa a pesar de su claudicación a la burguesía local y nacional. Si Furcade entrevista a Clara Matilde es justamente porque la memoria de la anciana patricia es lo que puede brindarle acceso a lo que falta en la historia escrita oficial y oficializada. Pero al hacerlo dispara también su imaginación poética para dar sentido a lo que carece de evidencia. Busca detalles en las páginas de *La Gaceta* (así nombrada tan solo un par de veces [117, 296]), o de *La Nueva Provincia*, y hasta bucea o conjetura a partir de las versiones de los protagonistas.

El chisme atraviesa todos estos niveles del espectro social como un operador imaginario, ilusorio del poder: todo receptor del chisme imagina ser un elegido en tanto depositario de un secreto que no puede revelarse; vive la ilusión de poseer una verdad "paradojalmente" intrasmisible que no puede decirse sin más en voz alta por estar fuera de la ley, de lo oficial, lo que remata en cierto matiz paranoico del rumor. Aunque el chisme instaura una dimensión conspiratoria frente a la información socialmente autorizada o permitida, no logra ir tan lejos en sus aspiraciones: si el psicoanálisis ha podido establecer en la conspiración de los hijos y el asesinato del padre el origen de un pacto social resguardado por la culpa posterior, el chisme, en todo caso, no llega al parricidio: se conforma con ser una venganza ilusoria, debilitada, sin mayores compromisos con la culpa, que pacifica o calma al sujeto frente a las fallas de la ley. El rumor restaura la continuidad de los agujeros del discurso dominante mostrando, en general, su lado más obsceno, pero sin atacarlo de frente. Aun imaginario, el rumor alardea de un poder, aunque transitorio, en la medida en que puede llegar a ostentar, mediante la dispersión social, una verdad capaz de dar consistencia casi mitológica a la imaginación popular: es por ello que resulta creíble que a una puta de los suburbios, como Imelda Lazarte—y no a una mujer 'decente'—se le aparezca la Virgen. Hay allí cierta compensación de la falta, particularmente en los sectores marginados, que, en algunos casos, termina avalada por las instituciones: la Iglesia Católica, al principio desconfiada y resistente, aprovecha más tarde estos episodios y llega hasta canonizarlos como un recurso para mantener creencias en el campo popular, las cuales terminan favoreciendo la continuidad de su poder como institución. Por eso cuando el chisme culmina en un rumor que se canoniza casi como mito, se aprecia el itinerario de una resistencia al cambio, porque aquello que podía dar lugar a una transgresión capaz de conmover lo simbólico, termina capturado por éste para conservar su poder. Una vez más vemos inscribirse en esta novela de Foguet la pulsión de muerte, que gana la batalla en la medida en que su perspectiva apocalíptica cierra el paso a toda posible figuración de un horizonte emancipatorio lo cual no es sorprendente en un texto escrito durante la dictadura y los primeros momentos del retorno a la democracia. Sin embargo, la novela no se engaña ni tampoco nos oculta el punto crucial, que signa como apocalíptico: la derrota de las izquierdas políticas en Argentina, América Latina y el resto del mundo.

Rumor, profecías y represión

"Esta va a joder más de muerta que de viva" (347), acierta el comisario Molinuevo, haciendo el balance de su error al matar a la Imelda Lazarte en la Villa Ceferino Namumcurá. La Imelda, que había visto a la Virgen y que había profetizado el fin del mundo para el 26 de febrero de 1955, era el soporte firme de una serie de milagros y, por ende, de rumores que ni la tormenta en que finalmente se resolvió la profecía pudo derribar. El sueño de Max, que abre la novela, pone en cierto modo al sujeto del sueño en una posición similar a la Imelda, con la misma profecía pero con otra fecha: 31 de diciembre de 1999. Molinuevo se daba cuenta ahora, cuando ya era tarde, que si la topadora derribaba el cuerpo de la Imelda, había sin embargo otra Imelda, más potente, sostenida por innumerables habladurías y creencias. Los rumores resultan, pues, más fuertes que los cuerpos (parafraseando a Spinoza, se podría decir que "nadie ha determinado lo que puede un rumor") y, por ello, son tan verdaderos y hasta más eficaces que la historia escrita por los historiadores (aliados o no al Estado). Aunque paralelo, complementario o suplementario de la historia oficial, el rumor no se confunde con ésta, lo cual tarde o temprano —como vimos— se impone a las instituciones asumir el saber del rumor y ponerlo al servicio de las instituciones, las cuales quedan capacitadas así para poner el rumor al servicio de la opresión y de la muerte.

Las dictaduras militares, remisas a dar una versión oficial amplia y verificable de sus horrores, no sólo dejan abierto el espacio para que el rumor se desparrame, sino que a su vez utiliza a éste para reforzar el terror y la amenaza. Al proceder de este modo, el rumor se transforma en una tecnología de disciplina y control que expande su dominio a favor de la clase dominante; el rumor deviene así doblemente 'verdadero': porque asume ser la contra-versión oficial y porque es el resultado de la manipulación también oficial. Lo invisible, lo doloroso, en fin, lo real, queda inescribible en los panteones de la oficialidad; pero circula sin embargo en el mediodecir del rumor, y el grado de intensidad de éste es proporcional al grado de represión social. La leyenda urbana de la Imelda o la leyenda rural del "familiar", incluso la urbano-rural de Bazán Frías, ese Robin Hood tucumano, son las pantallas del imaginario social, los fantasmas donde se inscriben los temores y las persecuciones, las voces acalladas, los silencios acusadores.

> Hasta el romántico Bazán, continúa diciendo la Negra, Robin Hood de entrecasa, proscripto que se toma su revancha y cae de este lado de la tapia del cementerio de los ricos y muere puteando a la milicada. [...] Dioses chiquitos y mitos sociales. (178)

Sólo un estudio realizado a partir del discurso hegemónico, como el de Jean-Noël Kafferer, puede decir que los rumores circulan siempre con total impunidad (46). Sin duda, no todo crimen se rodea de rumores, sino que muchos rumores llegan a ser la única motivación del crimen. Bastaría dar una hojeada a los testimonios de las desapariciones forzadas de personas en la Argentina de *las* dictaduras (militares, populistas o de democracias neoliberales), para comprender cómo operó el rumor, el chisme (incluso falso, arrancado a fuerza de torturas) al momento de la captura de los presuntos culpables de subversión. Hay una versión rumorosa acerca del rol de los taxistas en la ciudad de Tucumán durante la dictadura, cuya función, además de llevar pasajeros, era escuchar conversaciones y delatar sospechosos ante las fuerzas de seguridad. El rumor toma en Argentina una dimensión tanática (como en otros lugares, baste el ejemplo de la Alemania Nazi), y la novela de Foguet no deja de ser un texto que remite a un discurso cultural enardecido de rumores espeluznantes. En Argentina, como en otras latitudes, el rumor es la profecía del crimen, de la catástrofe, como el sueño de Max o las visiones de la Imelda.

El horror, siniestro por ser familiar, queda entonces reduplicado. Se pone al servicio justificatorio de la opresión. La manipulación del rumor, como en las maniobras electorales, es ya una tecnología de dominación, y su uso abusivo por parte de las instituciones es el parámetro con el cual se puede medir el grado de corrupción que las atraviesa. Los aparatos de poder ya no solamente tienen como función controlar la información, sino también controlar mediante el rumor el grado de cohesión social, incluso cuando ese rumor es completamente prefabricado por ellos —a través de los medios de dominación comunicativa— para dicho propósito. Ciertamente, no es lo mismo controlar la información que controlar el discurso social. La historia política de Tucumán, tal como aparece novelada por Foguet, o como podría leérsela en los textos de Páez de la Torre (h) o de Eduardo Rosenzvaig, no hace más que manifestar estas reacomodaciones de sectores, a veces paradojales o sorprendentes, para dejar el poder siempre en las mismas manos: "El

Poder se despedía del *Poder* aunque en esencia no fuera más que un relevo de posta" (154).

Rumor y castigo

Si aquí intentamos emular el título dostoievskiano, entonces hay que asimilar el rumor al crimen. Aun cuando, como mencionamos antes, para un investigador como Jean-Noël Kapferer el rumor —a diferencia de la información oficial —se caracteriza por la impunidad de su circulación (46), en una sociedad fuertemente militarizada como la argentina a lo largo del siglo XX, esa afirmación queda absolutamente descartada. El comisario Aníbal Molinuevo (con poco de 'nuevo' y más de lo mismo en un comisario) aprende que vale la pena dar credibilidad a los rumores y entonces se deja llevar por ellos, porque la impunidad está más del lado del destiempo que de los reproches por el exceso. Mientras las radios trasmiten música "clásica" para llenar el vacío de información estatal (afasia oficial intencionada que aparece siempre que algo ha quedado fuera de control, que algo espurio pretende centrarse en la estructura política), Molinuevo prepara, sin necesidad de un conocimiento que certifique el rumor, la ceremonia del castigo. Es que rumor y castigo están indisolublemente ligados al poder, cuando éste asume su inestabilidad en una dimensión paranoica. El rumor es como la antesala del acontecimiento histórico, de la catástrofe histórica, y en Argentina se sabe que, cuando es necesario convalidar un poder que se ha debilitado, el mismo poder recurre al rumor para inventar una acción castigable por medio de diabolizar al enemigo. Eso se dio en la dictadura hasta 1973, pero no fue ajeno a la dictadura posterior, iniciada en 1976: ambas entrelazadas como voces *acapella* en la novela de Foguet, por cuanto en su página final leemos "Ensenada-XII-1975-Yerba Buena-IV-1982" (429).

El circuito del rumor no concluye con los castigos o las catástrofes. Producidos éstos, el rumor vuelve a su dimensión concatenante, metonímica: las indocumentadas desapariciones de dirigentes obreros de la industria cañera dejan espacio al mito "del familiar", la destrucción de una villa de emergencia deja lugar al mito de la Imelda. Poner entonces el rumor al servicio de las políticas de discriminación y eliminación de la alteridad es ahora la nueva táctica del poder: lo diferente es subversivo. Si seguimos a Stallybrass y White, y pensamos que el poder no deja de producir transgresión (18) o si, en términos de Babcock (32), pensamos que el poder opera mediante un proceso de inversión simbólica que posiciona como central lo que es socialmente periférico (como la bosta para las begonias que el mismísimo criado reintroduce en la casa de los Sorensen [147]), entonces resulta que la utopía del poder es generar a través del rumor la alteridad necesaria para su existencia como poder, para dar continuidad a su voracidad de víctimas, no importa si esa alteridad carece—como el rumor—de referencia o evidencia empírica. Esto permite la maravillosa fiesta del poder, sustraída de todo proceso judicial, pero aprovechando la efectividad del rumor; las fuerzas de "seguridad" se amparan a la vez en el rumor y en la obediencia debida para enfrentar sospechas y acusaciones mediante la suspensión de cualquier exigencia probatoria. Es por un rumor que alguien se vuelve sospechoso a los ojos del poder, a la mirada del Otro; es por un rumor que alguien merece el castigo ("algo habrá hecho" si la gente habla de ello); por un rumor alguien puede tener una muerte importante, sorpresiva y sorprendente, como Solanita. Para dar constancia y continuidad a la estructura punitiva de la cultura, es necesario impedir la "escritura oficial" del horror (incluso en la tarea imposible de borrar los nombres de los desaparecidos, borrar los cadáveres, borrar las marcas de la tortura, hacer desaparecer las identidades) o hacerla escasa, dejarla como un esqueleto siniestro del discurso histórico de un positivismo exacerbado, satisfecho con la mención de fechas, sucesiones de personajes y acontecimientos, listas y clasificaciones. Hay, pues, por lo menos dos cauces por medio de los cuales el poder hegemónico atrapa la ilusión contestaria: uno de ellos, el rumor, capturado del contexto o bien fabricado, con nombre y apellido, puntual, y otro, una historia sin nombres o un listado de datos y secuencia de etapas. En la literatura convergen ambos, porque ninguno puede escapar a la ficción.

El espacio regional del mundo de Hugo Foguet

Hacer hablar / hablar de hacer

Furcade, el historiador, conversa con Clara Matilde, su informante. La ceremonia comunicacional de trasmisión de información y de saberes supone un ritual alimenticio y suntuoso, regional e internacional: gaznates "norteños" con oporto Sandeman.

> Los gaznates en una bandejita de plata y el oporto en copitas de Murano esperaban en la mesita de caoba. [Furcade] Se acercó hasta los pies de la cama y todavía inclinó un poco el cuerpo tomándose de los barrotes y balanceándose.
> --Me escucha, Clara Matilde.
> […]
> Tomó un gaznate y lo dejó desarmarse en la boca junto con la receta de las Hijas de María y Santa Filomena: las doce yemas, grasa de pella, palito de cedrón o durazno para freírlos y dulce de leche, pero aún no sabía qué manos amasaban los gaznates y en qué punto de la historia los recuerdos de Clara Matilde naufragaban, si era una primera comunión, un cumpleaños o un banquete de bodas. (49)

Es la escena proustiana por excelencia: un sabor, un aroma, una textura que, desde la instancia dérmica del presente, se remonta hasta los recovecos del tiempo que se resiste a ser presente perfecto o, en todo caso, como un presente perfecto de la memoria. La anciana patricia compensa (intercambia) la masticación y la deglución, ambas realizadas golosamente, con un relato precioso: el relato del testigo, no menos sospechoso que el del rumor. Ella escande el relato y lo disuelve del mismo modo que los acontecimientos de la historia se entreveran y difuminan en el espacio de la memoria, así como los gaznates se deshacen con el oporto en la boca. Su relato tiene todos los protocolos del testimonio y, para el historiador/escribiente Furcade, los recuerdos de la anciana configuran el costoso arsenal de saberes culturales, antropológicos (muchos de los cuales no pueden constatarse en los documentos escritos de la historia) sobre rituales y ceremonias íntimas de la clase, que solo se registran en la huidiza argamasa de la experiencia, es decir, de la escritura en la memoria del cuerpo o del cuerpo como memoria. En todo caso, el testimonio o relato de Clara Matilde suplementa o completa el archivo documental oficial y la versión de Furcade, entonces, transciende la memoria de Clara Matilde 'perfeccionando' el repertorio del patriciado. La vieja hace emerger la palabra de su propio capricho, último atavío de su señorío, mientras Furcade escribe sus notas y sutura los cortes discursivos de su informante mediante la dulce combinación de gaznates y oporto, con apartes irónicos que lo resguardan en su diferencia clasista.

> Y Clara Matilde levantó la mano dándole a entender que la copa estaba vacía y que precisamente era el *Sandeman* la liga que unía los fragmentos de su mundo... (113)

Como en el circo, la fiera hace sus piruetas movida por el terrón de azúcar que compensará la exhibición de su destreza, incluso todo su ridículo público. En el espacio clausurado de la vieja casona tucumana de la calle 25 de Mayo, algo parecido a una inversión de papeles se ha producido, aunque la estructura autoritaria y fascista no se haya modificado. Se trata de una escena de intercambio o, mejor, de juego de roles y posiciones que, de todos modos, no amenazan ni desestabilizan ya el poder, cuyo ejercicio ahora está en otras partes y en otras manos.

Furcade entrevista a alguien que (todavía) ostenta residuos de viejos privilegios y coloca a su entrevistada en posesión de un (supuesto) saber que le interesa. Para ello, su estrategia, a pesar de reconocer su falta y someterse al relato de la anciana, no obstante subvierte la dialéctica del amo y del esclavo, tal como Kojève la retoma en su lectura de Hegel. En efecto, "hacer hablar" al amo es ponerlo en el lugar de la subalternidad enunciativa y alimentarlo como quien hecha leña al fuego, para que no se acabe, para que siga existiendo, para que siga hablando.

> él hablaba con Clara Matilde desde hacía una hora; hurgaba en la memoria de la vieja que era como bucear en una bahía donde hubiera naufragado una flota de galeotes. Obtenía así jirones del pasado para armar ese individuo único que era la estirpe de Clara Matilde, unas veces Navarro, otras Páez o Lencina, juntando guerras civiles y encomiendas, revoluciones y canonjías, negocios y maneras francas y orgullo y desprecio por lo que no fuera su sangre (los gringos, los cholos y los gallegos de mierda), el árbol único y solitario parado en el viento y con las raíces al aire. (77)[3]

---

[3] La palabra "naufragio" y sus derivados aparece muchas veces en la novela. También es el título de otra obra de Foguet. Lo que nos importa aquí enfatizar es la idea de memoria=arcón=inconsciente=archivo=naufragio=residuos o ruinas.

Extraña situación en la novela de Foguet: hacer hablar al Amo, subalternizarlo para satisfacer los deseos del esclavo; aunque todavía tenga que alimentar al amo con gaznates, proveerle una satisfacción material si ya no de su hambre (no hay ese extremo con Clara Matilde) al menos de su capricho –espacio excedente, residual, de su antiguo poder— Furcade revierte o subvierte la dialéctica al obligar a Clara Matilde a continuar con el relato, haciéndola hablar. No obstante, esa subversión rápidamente vuelve a dar un giro y reposicionarse: Furcade regresa a la posición del esclavo, trabajando la escritura y el discurso mientras alimenta al Amo como un animal, produciendo así un saber que, como si fraguara las condiciones de su libertad, y aunque su rebelión no vaya más allá de la ironía con que comenta el testimonio de Clara Matilde, no deja de incubar un ansia de resentimiento y venganza: su estrategia de entrevistador culmina haciendo trabajar al amo hasta la extenuación.

> Clara Matilde se había quedado dormida—ese corto sueño que sus muchos años necesitaban cada tanto para cargar las neuronas, fatigadas por las prolongadas inmersiones en el pasado a las que Furcade la sometía (Usted, señor Furcade, exige demasiado de una pobre vieja. Yo puedo recordar mucho pero hay cosas que se me escapan, es decir que no aparecen en su verdadero lugar" (318)

Hacer hablar es extraer, succionar, hacer emerger en palabras lo que el cuerpo ha deglutido en su transcurso vital: memoria-estómago, flujo callado y sanguíneo de las presencias y de los crímenes, sortilegios de la soberbia, denegación de la decadencia. La palabra de la anciana –lo que Furcade finalmente recibe— es un vómito, un chuño donde todo viene mezclado, maloliente, desorganizado. Es esta devolución discursiva de la anciana a los gaznates provistos por su entrevistador lo que, sin embargo, revierte, recoloca y sostiene la antigua posición señorial: el historiador, el intelectual como apéndice del poder, el arconte subalternizado cuya tarea ahora es verificar, periodizar, ordenar, pero sobre todo inferir la verdad (del otro y hasta del Otro hegemónico) a partir de trabajar con sus deposiciones. El hacer hablar revierte en hablar de hacer la narración. Paralelamente, como escriba o escribiente, Furcade habla de hacer una novela, de escribir una historia a partir de los desperdicios, residuos o desechos de los dueños de la provincia o de la nación en la que *convergen* la tradición –hispánica y/o criolla— de los gaznates con la supuesta sutileza o refinamiento inmigratorio de la cultura y hasta de la astucia francesa, metaforizadas por el Sandeman. Pero la *convergencia* no logra encubrir la dominación puesto que ha habido un sometimiento de lo criollo a lo extranjero, confirmado incluso en cierto sometimiento (doméstico) reglado (como esposa a esposo, mujer a hombre, que Clara Matilde de la Concepción Navarro Páez de Sorensen refiere con orgullo). Cuando Furcade realiza su entrevista, aquellos mandatos y obediencias implacables de otrora pueden de cierto modo convertirse en un juego de inversiones y reversiones, en la medida en que ya no hay posibilidad de desestabilizar, en el último estertor de la anciana, la consistencia de la clase. Por ello, para no morir del todo, arrinconada en el hermético espacio de la habitación de una casona, la anciana se aviene a un pacto de interlocución con un subalterno y accede a que se repartan las posiciones de poder, ahora cuando –en el presente perfecto— ya no queda más que un poder signado como capricho y un cuerpo yacente sobre su féretro esperándola bajo la cama. La novela, en cierto modo, nos interpela con la pregunta fundamental: ¿A dónde ha ido a parar el poder real? Y le deja al lector responder por su cuenta, sea *entre*vistando el texto entre líneas, en el mediodecir de la verdad, o haciéndolo hablar desde la consistencia cultural del lector.

II

Polifonía, ironía y repetición

La ambigüedad de los narradores no es impedimento para que, en todo momento, emerjan los puntos de vista y las verdades que los fascinan, tanto a ellos como a sus personajes. Foguet recurre a un relato polifónico que, no obstante, remite a una escritura monológica encuadrada por los dos sueños de Max, es decir, por el sujeto del inconsciente que elabora esos sueños. Justamente es la polifonía del relato, con la multiplicidad de voces y perspectivas, de citas, la que evita que la novela se convierta en un texto sectorial y discriminatorio, monovocal, con un único narrador (omnisciente o no), como podría ocurrir si fuera contado desde la perspectiva de uno de sus diversos personajes: Molinuevo, Patricio, Arturo o Clara Matilde.

Pretérito Perfecto, como el *El carnero* freyleano (1636-38, publicado en 1859) también poblado de rumores, deambula por las historias familiares, por los arrabales del matrimonio, por las relaciones entre clases, por los textos canónicos y también los parasitarios de la cultura, por los lugares sagrados y profanos en sus recovecos pecaminosos y en sus ominosas y miserables acciones ejemplares. Es un texto marcado por lo laberíntico o, mejor, por el clamor que subyace a las pretensiones exhibicionistas de toda cultura oficial. Se exploran las zonas del fraude político, del engaño amoroso, de los encuentros clandestinos o "a contranatura", de las placenteras perversiones de los cuerpos, de los pequeños vicios. La novela de Foguet teje el entramado de la vida social de la ciudad de San Miguel de Tucumán desde los fines del siglo XIX hasta los *sixties* (más ajustadamente, para América Latina, los *seventies*), con las primeras represiones militares encargadas de aplastar la 'subversión' o cualquier tipo de rebeldía o resistencia capaz de desbordar los mandatos y convenciones impuestos por el poder institucional de raigambre oligárquica, sea durante los años del peronismo –con "la negrada, con la alpargata en la punta de la caña y el bombo, que sonaba en la Plaza Independencia" (90)— como con el Tucumanazo ocurrido entre el 10 y el 14 de noviembre de 1970.[4]

Resistencia y exceso son dos figuras paralelas en la novela de Foguet; ambas diseñan una cultura que no quiere y otra que, sobresaturada o sobrepasada por la historia, ya no puede. La cultura de los de abajo, omnívora, insaciable; la cultura de los de arriba, hastiada, hipersatisfecha, aburrida, vomitante. Esta cultura hegemónica representada por Clara Matilde está tan enferma y moribunda como la de Surya Coomaraswamy; ambas hieden, se reparten sus territorios, se dan sus propias fronteras, incluso –como veremos más adelante— distribuyen polarmente sus cementerios: Imelda Lazarte, la prostituta que vio a la Virgen, por un lado, y Patricio Santillán, el dandi lujurioso y hedonista, miembro ya desquiciado de su clase, por otro.

---

[4] Isabel Aráoz señala que "la novela suprime cualquier mención a la dictadura de Onganía que a partir del '66 decidiría el destino de la provincia" cuando se ordenó el "cierre y desmantelamiento inmediato de las primeras siete fábricas azucareras de Tucumán" ("Ciudad y archivo"). Gutiérrez dice al respecto del Tucumanazo: fueron "cuatro días durante los cuales las calles de la ciudad estuvieron prácticamente tomadas por estudiantes, obreros y vecinos que resistían la represión de las fuerzas del orden. El "Tucumanazo" fue el momento culminante de un ciclo de protestas en una provincia con la universidad intervenida y con catorce ingenios cerrados, en el marco de la dictadura de Onganía. […] El "Tucumanazo" fue una de las tantas protestas épicas que, a lo largo de la Argentina, repudiaron las medidas económicas y políticas de la "Revolución Argentina" de Onganía, como "El Cordobazo"" (308, nota 4)

La una y el otro constantemente yacentes en sus camas, una practicando el viejo oficio de la mujer, insensible al hostigamiento heterosexual de los camioneros urgidos; el otro, pululante, rollizo, ansioso de hostigamientos, solo, compensa su homosexualidad insatisfecha con las incursiones esteticistas y afrancesadas por los cuerpos escultóricos de la imaginación grecolatina.

> La Imelda [...] dijo que por lo bajo eran cinco por noche, todos camioneros que dejaban los camiones en la Banda del Río: cordobeses, sanjuaninos y hasta porteños. (28)

> La cama de Patricio vastísima, como para perderse y andar a los manotazos. [...] Patricio enfermo. El absceso al final de la espina, pequeño, doloroso y activo como un volcán, ha entado en erupción gracias a la sabiduría de unas agujas de platino clavadas a todo lo largo y ancho del yin y yang. Patricio quejoso. [...] Patricio, encharcado entre sábanas y colcha era un cachalote herido y supurante. (129-129)

Patricio, con la caja de sus diapositivas, visita "La Embrujada, casa-quinta de Martha-con-hache", para proyectar sobre una pared encalada, su Grecia amada: "Telón en el cual Grecia estamparía la solemne nostalgia de sus ruinas sofocadas por el francés un tanto anacrónico del profesor Santillán" (197).

> Patricio que hace un buche de vino para enjuagarse la boca. Todavía a tiempo de aceptar un cigarrillo. Entre dos pitadas fija los ojos malévolos en Maximiliano, el joven de proporciones clásicas que hubiera hecho las delicias de un guerrero lacedemonio. Incomprensiblemente rendido al subcontinente de las faldas. Deplorar que lo shombres no pudieran procrear—dice—sin el concurso de la hembra fue una queja común entre los griegos

> pensantes. Lo cual no dejaba de ser un contratiempo porque salvo para ese menestrer en todo lo demás nos arreglamos solos. (214)

Frente a este paisaje de polaridad, se abre un espectro de oposiciones binarias de menor rango e intensidad, pero no menos sutilmente emparentadas. Es el relato el que juega, ensaya, coteja versiones de aquello que se propone narrar: la historia, privilegios y poderío de una clase, autopostulada como nacional, pero que también incorpora la leyenda regional, nacional e internacional mediada por el periodismo *événementiel*, la literatura y los vertiginosos discursos de las ciencias. El pasado perfecto de la clase, el eco debilitado del presente por la insistencia de la ideología oligárquica gramaticalizada, inconmovible, desembocan en la pregunta por el futuro de la nación, que desde la perspectiva de los activistas de izquierda (los estudiantes, las ovejas negras de la clase alta, los obreros, etc.), tampoco saben bien cómo responder. A pesar de los chismes y rumores, de las citas y voces convocadas, de esa polifonía, la distancia entre lo que se repite y lo 'nuevo' que quisiera advenir en la diferencia se torna en *Pretérito Perfecto* en ironía, más que en parodia. El collage y la parodia con la que se factura la textualidad no son aquí más que un recurso instrumental para hacer emerger la risa irónica y despiadada —como la de Furcade frente a ciertos recuerdos de Clara Matilde— sobre una historia nacional que, en el fondo, no es más que el acontecimiento abyecto de su dependencia a los poderes de la modernidad occidental con su metamorfosis monstruosa en Tucumán, en Argentina y en general en América Latina.

> la exposición de 1889... ¿se acuerda de los onas, Clara Matilde, de aquel paisaje nevado que les pusieron por detrás en la jaula y del hombre de la barbita que sostenía una fusta en la mano? Aquellos ocho, diez onas, hombres, mujeres y niños, semidesnudos, envueltos en pieles, antropófagos, ¿qué otra cosa les explicaba el hombre?, capaces de morirse de sarampión, todavía en aquel año y usted, Clara Matilde, tuvo un estremecimiento voluntario: salvajes. (51)

Furcade no puede más que sospechar un hilo que enlaza Tucumán con París, los trapiches del ingenio con las iglesias europeas:

> ¿Era París el mundo y los suburbios de París los suburbios del mundo? ¿Qué sombras molía el trapiche en el ingenio y qué humos envolvían las torres románticas y los campanarios de las iglesias de París? Usted [Clara Matilde] nuca se lo preguntó. (58).

Revolver los documentos, interrogar "los restos de la opulencia" (52), releer el libro de Sansón sobre la tortura (54), son modos de comprender las rebeldías del presente, la invasión de los márgenes en su pretensión de centralidad, formas de entender cómo en el presente uno puede ser un eco del pasado que lo aferra y lo compulsa a una repetición silenciosa, que lo encierra y lo hace hablar incluso bajo los lemas revolucionarios: "Usted no es una persona para mí—le dice Clara Matilde a Furcade—sino un eco" (331).

> no lo tome a mal, señor Furcade, porque usted no es una visita, es como si fuera yo misma, ¿me explico? La vieja

quería decirle que sin él el tiempo que tanto amaba no podría haber vuelto nunca; era él, Furcade —y los gaznates y la copita de Saudeman [sic]— el mecanismo que abría el mundo de los recuerdos. (319).

¿Qué es usted para mí, señor Furcade? ¿Un espejo? (330)

Usted pregunta y yo contesto y es como si me contestara a mí misma. ¿Sabe qué quiero decirle? Que usted no me trae nada nuevo. (331).

Juego de espejos, repetición de sonidos, imitación, resonancias y otra vez rumor: Clara Matilde y Furcade, amo y siervo, metrópoli y colonia. Clara Matilde "metida en este agujero escuchando los ecos del mundo –un mundo que quizá no existe" (330) y Furcade escribiendo, anotando, llenando los vacíos, interrogando el silencio, obligándola a hablar: "y lo sabe todo, y lo que no sabe lo averigua con una manera muy especial de preguntar que hace que nadie se quede callado" (330). Por eso Furcade, trabaja el archivo, intuyendo que hay una complicidad entre pulsión de muerte y repetición: "*No hay archivo sin un lugar de consignación, sin una técnica de repetición y sin una cierta exterioridad. Ningún archivo sin afuera*" (Derrida 19). Aunque en el recuerdo de la anciana todo se mezcle, queda aún el texto de los fragmentos y las pervivencias de los poderes de la clase diseminados en la habitación y la casona que la alberga,[5] pero también en los crímenes y las muertes, en el terrorismo de Estado, en las resistencias de los estudiantes de la Quinta Agronómica, espacio universitario cuyos árboles se nutren de la sangre humana de los genocidios de otrora.

---

[5] "La anciana es 'una guardiana' de las tradiciones y las prácticas de una clase" (Aráoz, "Ciudad y archivo").

> Eran tantos los muertos […] En la Quinta Agronómica las plantas crecen con tanta fuerza y los árboles son tan altos y gruesos porque las raíces se hunden en la fosa común: las sales de los huesos, el calcio y el magnesio, el fósforo, la sabiduría de 85 años de obra misteriosa, de vuelta del polvo al polvo, tan en secreto. (53)

Piensa Ramón Furcade, el historiador escribiente en este siniestro maridaje de una 'civilización' construida sobre la base de la barbarie, tal como ya lo había visto Walter Benjamin, con crímenes ocultados por la naturaleza y por las ceremonias aristocráticas:

> ese estilo de vida, esas maneras tan propias [de Clara Matilde] venían de muy lejos y se habían mantenido con sagacidad, haciendo creer en aflojadas, en derrotas políticas, cuando en realidad la manija no la soltaron nunca […] El timón… estuvo siempre en las mismas manos. Los payasos cambian pero el dueño del circo es siempre el mismo. (89)

El narrador comprueba que el tiempo "no se detuvo, pero algunas circunstancias se repitieron y aún se repiten" (324), de ahí que Furcade se pregunte al inicio de la novela: "En qué lugar del tiempo histórico estamos exactamente" (43)

Por eso, la novela de Foguet es casi el estertor de la modernidad y sus dicotomías desgastadas.[6] La utopía, barajada en

---

[6] Gutiérrez subraya algunos "pares opositivos que han modelado la lectura de la literatura producida en las provincias, las condiciones de legibilidad e ilegibilidad de las obras y los contornos mínimos de la literatura argentina" (305-306). La autora puntualiza "una serie de formulaciones antinómicas asentadas en el "imaginario literario argentino" tales como centro versus periferia, Buenos Ai-

el estructuralismo, de su "*mélange* de personajes entreverados por la superstición, el arte, la política o la mera lujuria" (324), o de las luchas idiomáticas, dialectales e idiolectales, de la carnavalización de los textos y sus iridiscencias, no es propicia para el establecimiento de una alteridad revolucionaria; la novela, con el sueño del fin del mundo que la cierra, apuntando y hasta deseando el apaciguamiento mortuorio (novela/ciudad/cementerio) de una comedia humana del 'ser nacional', es siempre el pretérito perfecto habitable, imperecedero. En este mapa urbano, encuadrado por dos cementerios diferenciados a nivel de clase, el narrador o el sujeto de la escritura (o ambos), a la manera de un *flâneur*, se proponen aunque sin lograrlo, como lo planteaba Walter Benjamin, establecer un espacio habitable de una memoria rescatada y resguardada del tiempo:

> yo siempre lejos pero trabajándome la cabeza hacer de esta ciudad—de su pasado y de su presente—algo habitable, un lugar seguro para mí, un mundo de palabras que pudiera visitar sin sobresaltos y cuantas veces quisiera. (324)

Es la pervivencia de la estética romántica que, bajo la polifonía del relato, provoca la monología de la escritura de Foguet: más que una intertextualidad, hay una bitextualidad que emerge alternativamente, de capítulo en capítulo, de párrafo en párrafo, de palabra en palabra. Una especie de androginia textual que, buscando indefinidamente su palabra total, hallara en

---

res versus interior, cosmopolitismo versus regionalismo" (305). Estas oposiciones, obviamente, enmarcan a *Pretérito Perfecto* en la serie literaria argentina. En nuestro caso, nos ha interesado más ver el juego de los binarismos opositivos dentro del relato mismo.

vez de esta pacificación de la completitud, de la perfección, solamente la alternativa de lo uno y de lo otro, lo complementario pero desunido, irremisiblemente. Su efecto, entonces, es el relativismo o la caída de los absolutismos y las ortodoxias políticas e intelectuales, pero no una polifonía de la escritura, colectiva y revolucionaria, si es que dicha escritura es imaginable.[7]

Foguet, el marino, pareciera ser quien sostiene, desde la escritura ese "yo siempre lejos" de la cita, el que recorre la urbe e intenta con capítulos en alternancia cotejar el pasado y el presente. Sin embargo, no deberíamos identificar a Foguet con Furcade, porque Foguet (para usar su nombre propio, un poco incorrectamente, como signo del sujeto de la escritura) abarca más que la tarea de escribiente de su personaje. De ahí que la polifonía del relato no se corresponda con la de la escritura, producto de un sujeto escindido que no alcanza la verdad a pesar de la dimensión crítica que pretende con el cotejo de los binarismos, sino sólo la ironía. Precisamente, es la figura de la ironía la que, construyendo el doble juego de textos y de voces, a manera de planos cinematográficos, los contrasta[8] y los deforma, pero los contiene en una visión decadentista del fin del

---

[7] En términos actuales y a partir de debates iniciados a partir de los 90, hoy conocidos como "política lacaniana" (Jorge Alemán, Ernesto Laclau, Slavoj Žižek, Alain Badiou, Nora Merlin) podríamos decir que *Pretérito Perfecto*, a nivel de la escritura, en su monología que no llega a alcanzar la otredad ni desamarrar al sujeto del goce del Otro, no vislumbra una construcción de hegemonía; por el contrario, la novela queda "anclada en un circuito de goce en donde la pulsión de muerte gana su batalla" (Menchón 163-164). No será sorprendente, entonces, que, como veremos más adelante, la cuestión del fin del mundo y del apocalipsis atraviese la obra de Foguet.

[8] Aráoz también ha observado que "[l]os ejes de espacio y tiempo se multiplican a lo largo de la novela en un juego de espejos enfrentados" ("Asedios" 75).

mundo. Por eso, a pesar de ser *Pretérito Perfecto* una novela montada sobre numerosas palabras, innumerables textos y proliferación de citas, no se puede leer, sin embargo, como una novela carnavalesca, porque no hay un sujeto atópico que, posicionándose fuera del registro simbólico de la cultura que critica, dejase que los enunciados elucubren en su mediodecir, más allá de la arrebatadora fragua del goce tanático, una significación capaz de insinuar el paisaje del porvenir.

Si el archivo –y *Pretérito Perfecto* lo es—no solo hay que entenderlo, según Derrida, como un registro del pasado, sino como lo que guarda "un peso de lo impensado" (38), entonces ese peso "reorienta el deseo o el mal de archivo, su apertura al porvenir, su dependencia a la vista de lo que viene, en resumen, todo lo que vincula el saber y la memoria a la promesa" (38).[9] El esfuerzo de la escritura foguetiana se centra en interrogar y describir el paisaje de ruina de una promesa de país, moderno, que nunca fue; de ahí que la pulsión de muerte capture al relato (y a la nación) en la única satisfacción posible: lo apocalíptico.[10]

---

[9] Derrida insiste: "la cuestión del archivo no es, repitámoslo, una cuestión del pasado. [...] Es una cuestión del porvenir, la cuestión del porvenir mismo, la cuestión de la respuesta, de una promesa y de una responsabilidad para mañana" (44). La Argentina de 2018 vuelve a repetir el horror de eso impensado del origen de la nación, de esa violencia fundante (soberana) que Derrida también explora en "Fuerza de Ley".

[10] Isabel Aráoz ha revisado la inscripción de la ciudad en la obra de Foguet puesto que en sus textos "la ciudad se transforma, por medio de la escritura, en el centro de la experiencia del mundo que se articula en diferentes coordenadas temporales" ("Imágenes" 52). Foguet no cede a la típica representación de la ciudad provinciana en la literatura 'del interior' "que presenta una Tucumán quieta y sofocante, ahogada en el sopor de sus jazmines y azahares, y propone, a cambio, una ciudad literaria que es tan occidental como París o Londres y, al mismo tiempo, periférica y profundamente latinoamericana" (Gutiérrez 306). En sus primeras obras, aparece ya la referencia al "apocalipsis moderno", un mundo del futuro "luego de la destrucción", completamente devastado, enfocado en la

La ética de la escritura foguetiana, cruzada por el nihilismo y a pesar de sus esfuerzos críticos, no alcanza para instaurar lo que Jorge Alemán ha llamado "un acto instituyente":

> ¿Cómo entiendo un acto instituyente?, un acto instituyente es lo político, entiendo un acto instituyente y pienso en su inteligibilidad para dar cuenta de cómo lo nuevo entra en la historia, lo que caracteriza al acto instituyente es que por un lado –y prestemos atención a esto– no es una creación que viene de la nada, no es una creación –como podríamos decir– "ex nihilo", es una creación que exige las tramas simbólicas, las constelaciones históricas, las herencias, sin embargo, en tanto acto instituyente, no es un mero resultado de esas condiciones históricas, es más, exige la presencia de esas condiciones históricas pero es a la vez una ruptura con respecto a las mismas.

---

supervivencia. En el cuento "La-ventana-que-mira-al-futuro", el lector enfrenta una ciudad –San Miguel de Tucumán— programada, "limpia y climatizada como un quirófano" en la que ya no hay nada que desear ni pensar ni dolerse de nada. La destrucción del espacio urbano, como lo señala Aráoz, aparece también en otros cuentos. La presencia de ruinas, escombros, restos del naufragio, el "falso optimismo tecnológico" ligado a la idea de poder absoluto de los científicos que disponen de artefactos nucleares, se conecta con la catástrofe nuclear que impone un nuevo orden social, de tipo disciplinario: "La muchedumbre, ahora disciplinada por esta presencia terrible, comenzaba el desfile" ("Advenimiento de la bomba" 55, citado por Aráoz). En estos textos Foguet plantea un "antiutopismo que se expresa como una crítica desde el presente de la enunciación. Resultan ser mundos distópicos y disfóricos porque la utopía proyectada en un tiempo y espacio futuros son visiones apocalípticas que combinan la subordinación de la humanidad a la razón instrumental de la tecnociencia con sociedades totalitarias que vaticinan el fin de la humanidad" (Aráoz, "Imágenes" 54-55). Este "tiempo de apocalipsis" y este antiutopismo también aparece en *Pretérito Perfecto*, en los sueños de Max, y muestra un mundo acabado, perfecto, sin la falta que pudiera hacerlo deseante, donde ya no hay ilusión de paraíso, ni inocencia ni objetivos para la humanidad. "El futuro se ha secado" (Aráoz, "Imágenes" 55).

Desde esta perspectiva, *Pretérito Perfecto* está cerrada a imaginar, inventar o soñar prácticas sociales capaces de promover una nueva forma de vivir, dar circulación a nuevos saberes y descubrir nuevas tácticas y estrategias en el ejercicio del poder.[11] *Pretérito Perfecto* cierra, con alta lucidez, un ciclo de interpretación histórico-cultural regional, nacional y mundial de la modernidad, pero opta por el final apocalíptico que, como sabemos, está incapacitado de detectar la producción de nuevos valores y vislumbrar lo que más recientemente se debate respecto a la construcción de hegemonía y la emancipación del sujeto. "Lo emancipatorio –nos dice Jorge Foa Torres—en lo populista no residiría en su carácter revolucionario o su identificación con un afuera anticapitalista, sino con la producción de una forma política recurrentemente subversiva al imperativo del olvido, de la autopunición y la segregación" (299). El sujeto de la escritura de *Pretérito Perfecto* está éticamente cerrado al tiempo: sueña, habla y relata desde lo ya clausurado, muerto. El futuro, al ser apocalíptico, deja de ser una utopía, incluso utopía negativa o antiutopía.[12]

---

[11] Por eso Aráoz nos puede hablar de la novela-archivo, la ciudad-archivo. ("Ciudad y archivo").
[12] Más adelante veremos cómo sí hay utopías a nivel del imaginario del relato, aunque no de la escritura.

Ironía, tradiciones e intertextualidad: androginia y hermafroditismo

A su vez, en el espacio semántico diseñado por la escritura, en la selección misma de los horizontes intertextuales, la escritura foguetiana se instaura asimismo como una ironía: no se trata de una novela que supera la 'modernidad', pues su barroquismo es el producto del cruce de la tradición realista-naturalista (Balzac, Zola, Cambaceres), con sus protocolos de herencia y su inquisición positivista y policial (como la de Furcade), y el experimentalismo de la novela de vanguardia (particularmente la del boom latinoamericano), sin afiliar a ninguna de estas tendencias. A la fisiología de la tradición novelesca francesa, se enfrenta ahora en *Pretérito Perfecto* el psicoanálisis y la economía política, produciendo una escritura que, en su escepticismo, no puede ser carnavalesca, a la manera de Bajtín, sino irónica, limítrofe, fronteriza.

Si la intertextualidad consiste en una fiesta de remisiones infinitas por los arrabales de la memoria lectoril, la polifonía bajtiniana está absolutamente puesta en una novela cuyo resultado no es jamás el *relativismo* de la Verdad, sino la *convivencia* o *copresencia* de las verdades (Morson y Emerson 231-256), incluso *convergencias*, como el título de otra obra narrativa de Foguet (*Convergencias* [1985]). Por eso también la novela de Foguet se nos antoja monológica, porque la ironía es un gesto que somete bajo exigencias de unidad a las voces narrativas, a los textos convocados, citados o aludidos. El carnaval, en cambio, es ya la puesta en crisis de la monología y la escritura foguetiana no alcanza a provocar dicha crisis; no escuchamos, en el nivel de la escritura, sino la misma voz frente a la "desertización nihilista de lo político" (Cano 221). Es con esta dimensión irónica que la escritura foguetiana, sin embargo, escapa a las operaciones de sometimiento cultural a Buenos Aires,[13] a la novela europea del *nouveau roman* y a la novela latinoamericana del boom, pero también se separa de la producción literaria local:

> La Negra se confiesa tucumana de nacimiento, pero repugnada. La obsesión por la vida de la provincia es casi patológica. De rechazo la hace escribir. Juan José Hernández y yo somos los que mejor hemos dado la pintura de una realidad agobiante (…) Demasiados poetas, demasiada gente que escribe versos. Una pregunta: ¿No tienen otra cosa que hacer? Son una plaga nacional como los gorriones. Ruido y cagadas. (162)

Si en el relato de *Pretérito Perfecto* la Negra[14] es la escritora tucumana que vive en Buenos Aires y se consagra escribiendo la provincia como paisaje, o si los jóvenes poetas del interior, en su bohemia, reproducen degradadamente la euforia

---

[13] El ingeniero Weighan le reprocha a la Negra el tipo de literatura que ella escribe: "les vendés la imagen de la provincia que prefieren" (35) y luego enfatiza "Me cago en el color local" (35). La crítica pasa por ese imaginario porteño fraguado en Buenos Aires para promover una literatura del interior que nada tenga que ver con la de la capital. Es como una especie de Ideal del yo literario con el que se espera alienar a los escritores provincianos, muchos de los cuales, como la Negra, deciden acatar. "Qué carajo pretenden. ¿Qué nos pasemos escribiendo los versitos del lapacho en flor?" (132). No creo que esto haya estado ausente al momento de la publicación de *Pretérito Perfecto*, en la medida en que Foguet se separaba de estas imposiciones de Buenos Aires y producía una novela para la que los porteños no tenían etiquetas.

[14] El ejemplo de la Negra Fortabat es emblema de muchos otros escritores provincianos: se refiere a Elvira Amanda Orphée (nacida en Tucumán en 1922, fallecida en 2018); ella "entraría para Foguet en ese cuerpo de novelas que construyen ciudades quietas muy al gusto de lo que el centro esperaba de lo producido en provincias" (Gutiérrez 306, nota 1).

(a veces rastrera) de las poéticas capitalinas o extranjeras, o insisten en el folklorismo de aquello que la crítica cataloga bajo "el enfrentamiento del hombre con la Naturaleza", a partir de un fondo bucólico, campesino, rural, más o menos idealizado, más o menos inexistente (o, en todo caso, siempre fraudulento porque no deja emerger la verdadera dinámica de los centros urbanos provinciales), la escritura de Foguet rompe con estos ceremoniales y su supuesta autenticidad regional. Mediante procedimientos de collage, de mezcla, de "irrespetuosidad" enunciativa, su escritura puede poner el cuerpo del pensamiento junto al inodoro, para no obstante producir el pensamiento de ese cuerpo (pero no *otro* 'cuerpo'), como en el poema de *Naufragios* titulado "Meditación de Martín Lutero en el w.c." (*Naufragios* 22).

Y es porque la escritura foguetiana precisamente no puede alcanzar la *otredad*; denuncia la diferencia y deja emerger lo reprimido, eleva estéticamente lo excluido y despreciado por la historia oficial de la literatura argentina, ese *corpus* textual 'del interior' pocas veces canonizado (eso sería lo de menos), sino que denuncia la marginación de un modelo de producción cultural singular. Los avatares de la edición de *Pretérito Perfecto* podrían aquí en su misma chismografía ser una prueba de este padecimiento del autor y de esta ausencia de reconocimiento.

El campo escriturario de Foguet es entonces la *mismidad*, de la cual el relato se hace cargo mediante todos los juegos posibles de los binarismos opositivos. La matriz de estos binarismos apunta a una anulación de lo opositivo para admitir una convivencia o convergencia, tal vez celebratoria, entrevista como utopía cultural. Sexo y deseo disparan un imaginario que promete cierta fluidez respecto de un Otro cuyos mandatos binarios (masculino vs. femenino), inconmovidos e inconmovibles, invitan a creer en que *hay* relación sexual,[15] entendida como relación complementaria de los polos opuestos. La idea de un Uno sobre el que, bajo la excusa de la reproducción, quiere normalizar los deseos, nunca educables, queda intocable a nivel simbólico. La utopía de la escritura foguetiana apunta entonces al imaginario del andrógino, aquel en quien la expresión social y emocional no se define a partir de los genitales y mezcla el género masculino y el femenino, en el que conviven o quedan abiertas dos orientaciones posibles del deseo, aquel cuyo deseo incluso podría satisfacerse en la inmediatez de la *otra* mitad similar, pero no necesariamente en el *otro*. La otra utopía apuntaría al hermafrodita, cuya condición biológica implica una mezcla de genitales externos y órganos sexuales internos, el que en cierto modo niega la exclusividad de órgano y es capaz de responder con su único cuerpo "doble" a todas las solicitaciones.

> Nihilismo. Somos esa criatura desconcertada, esa astilla de la totalidad, una mota de polvo en el sueño del gran dios dormido –y soñante— que nos sueña sonándose un poeta, un ladrón, un santo, un asesino, un revolucionario, un loco, un hombre-mujer. (65)

Androginia y hermafroditismo constituyen la dimensión utópica a nivel del registro imaginario del relato, pero no llegan a consumar más que una convergencia sin alcanzar una auténtica realización revolucionaria capaz de afectar la escritura. De

---

[15] Lacan ha planeado varios 'no hay' como malestar en la cultura: no hay relación sexual, no hay Otro del Otro, no hay metalenguaje.

ahí, como dijimos, la monología controlada por la ironía de base nihilista. Solo el relato construye el semblante de 'otras' voces y otras opciones sexuales, pero dichas voces están sometidas a la voz del sujeto de la escritura que, al final, no logra consumar una otredad emancipatoria. En el desafío de pensar el deseo del poder y el poder del deseo, ambas empresas –relato y escritura— convergen en un punto alucinado, atravesado o cancelado desde la desesperanza frente al malestar en la cultura. Esta tarea doble –deseo y poder— atañe a los personajes, al tiempo narrativo, a los narradores y a la escritura misma.

Respecto a los personajes, y hasta incluso a los narradores, el relato representa una considerable cantidad, sean históricos, sean ficticios, a los que a veces hace converger hacia una máscara, un camuflaje, pero no siempre. Muchos de los personajes abren un espacio sospechoso, chismoso, de inferencias más o menos constatables, en donde "[t]oda semejanza con personas vivas o muertas debe imputársele al deleznable azar que gobierna la creación literaria" (10).

A nivel de la sexualidad hay oposiciones interesantes que –sin pretensión de exhaustividad— se pueden resaltar: por un lado, Celita Sorensen, "la gracia andrógina" (94), presentada siempre con sus jeans gastados, en esa ambigüedad que la caracteriza como muchachito con vagina, que se contrapone a Solanita Jimeno, la hembra con falo, semblante del hermafrodita, hembra perfecta, divina, impredecible: "hembra extraviada por la ciencia política, producto típicamente masculino e indigesto" (181). Ambas ("los dos cabos sueltos de la tradición Navarro Páez" [195]) sucumben al atractivo de Surya, el negro, el oriental, el espurio, el grasiento, el macho definitivo.

> Surya hijo del Sol, hijo de Purusha, gigante cósmico. [...] melenudo, con un pelo renegrido y grasiento y hablando como un paisano de Graneros. (38) [...] artista plástico que en el tantrismo ha encontrado su inspiración y el delicado equilibrio de la orgía. Surya que come carne y evenena palomas porque le cagan los techos, que practica la mentira y fornica. Santo al revés, sostiene que "en el mar de las apariencias la suprema virtud coincide con la suprema inmoralidad. (316)

En Surya convergen estas dos mujeres, y en él va a producirse la caída de la estirpe y del abolengo rendido a la realidad imponente de un cuerpo mestizo. Deriva del poder y del deseo a su propia abyección, a lo excluido en esa formación histórico-cultural patriarcal y xenófoba de la oligarquía.

Por otro lado, opuesta a Surya, tenemos a Rachel del Busto Beausergent, la mujer infinita, el deseo infinito, ante quien sucumbe enteramente la familia Navarro Páez.

> Lo que vino después se llamó Rachel del Busto Beausergent. Era la primera vez, desde que Furcade visitaba la casa, que Clara Matilde hablaba de ella. La madre de Gervasio José, la abuela de Celita Sorensen pasó por la familia como una estrella errante, como un cometa de lujosa y espléndida cola. Porque era un puro chisporroteo, pura burbuja y exaltación —mi marido decía que era estimulante como una copa de champaña— y esa vitalidad, esa alegría de vivir —nunca negué que lo fuera: alegre y compradora como la que más— tenían que venirle bien a mi hijo, de suyo tan apocado y pensativo, tan castrado, intervino Solanita... (185)

> Desde el día que desapareció y el bueno de Máximo José, abriendo roperos y baúles atiborrados de ropa, se consolaba diciendo que volvería pronto porque nada se había llevado, volaron los retratos, la saludable risa y los ojos que reían más que la boca. (186)
>
> Por supuesto que Rachel no fue la *esposa* en el mejor sentido patriarcal, ni un espejo de las virtudes que preferimos. No fue una ponedora, una gallina de alta postura de plumas infladas y pechuga llena puesta a organizar tertulias de beneficencia y fabricar hijos. (187)
>
> Esa mujer que se llamó, o se llamaba aún, Rachel del Busto Beausergent, intrigaba a Furcade porque era el personaje que se situaba al margen de la historia., fuera de la corriente principal, de las aguas profundas donde los otros personajes eran arrastrados, chocaban entre sí, se abrazaban o rechazaban. Rachel había huido a tiempo del catre del panteón de los Sorensen-Navarro Páez... (189)

Ambos, Rachel, la que traspasa la puerta de la decencia y la respetabilidad (189), y Surya, al exponer la separación del andrógino, entran en el vértigo deseante y metonímico del requerimiento del otro; son aquellos a los que le falta el otro y buscan desesperadamente el regreso a la androginia original, van contra las costumbres, los principios, las reglas y las conveniencias. Son el deseo mismo, animado por su falta; son cuerpos desgarrados, movidos por la castración. Rachel, como hiciera antes que ella Gabriel Iturri, a la manera de una Nora ibseniana, es capaz de abandonar Tucumán y a su marido, Máximo José, a su hijo, la casa y la riqueza ("Nada se había llevado" [186]), y por eso mismo, es la que devela la falta de los Sorensen, el debilitamiento pulsional de la estirpe que va aparejado al debilitamiento histórico de su poder de clase. Rachel atraviesa la ideología patriarcal y la descalifica. Surya, en cambio, permite la transgresión, convoca ceremoniales exóticos de copulación, enseña la utopía de la unión de contrarios y abre –por medio de la diferencia sexual— el espacio en donde puede entreverse, pero no alcanzarse, la alteridad.

Luego están los otros personajes que deambulan en la incertidumbre generada en los intersticios producidos por el no encajamiento de sexo y amor, para llegar a Patricio Santillán, la matrona con pene, el homosexual enorme y exuberante, afrancesado y grecolatino, fuera de toda armonía, horrorizado por la castración y la inminencia de la muerte; Patricio oficia de superestructura total que vive entre rituales y sublimaciones, más cerca del límite narcisista (y de su certeza) que ningún otro personaje.

Por el lado de los narradores, las oposiciones son fundamentalmente entre Furcade y Maximiliano Vacaflor (vaca y flor), el historiador y el poeta. Mientras Furcade, historiador, remonta por la cadena retrospectiva y documental de la metonimia del deseo, el otro trata de atrapar el futuro por medio de la metáfora del sueño. Ellos también quieren poner palabra a la alteridad, sea en la forma de la causa, sea en la forma de la finalidad. Causa del fracaso o finalidad de la historia, la cuestión es que, hacia atrás o hacia adelante, el presente es un punto infinito, iridiscente, inexplicable, un aleph en donde se estrella a cada instante la pretensión de un sentido, que sólo es posible si se constatara alguna teología, sea cristiana, marxista o la de

Buda. Otra vez el misterio de la alteridad,[16] ese otro mundo que se extiende más allá del yo y de la calle Coronel Zelaya, ese otro siempre cambiando de lugar, como Montañita.

Es por eso que pasado y futuro también conviven, convergen, en el presente, siempre fugado, aunque la sospecha de repetición anule toda esperanza de porvenir. De ahí que la escritura no puede hacer converger la simultaneidad de las coexistencias y termina pivoteando (lo par, lo impar) en la sucesión de fechas, en su mezcla, en sus suscitaciones. Año 23: muerte de Carlos Sorensen, el paterfamilias, muerte de Luis Eulogio, el poeta, y muerte de Bazán Frías, el rebelde, el criminal (191). Año, por lo demás, del nacimiento de Foguet. No son las muertes las que nos alelan, sino la serie misma de las representaciones, su coincidencia, sus complementariedades, su ambigüedad constitutiva; especialmente, nos descolocan las remisiones entre dinero y poder (de la tierra, de la palabra, de la fuerza), el límite entre la legalidad y la transgresión (la usurpación, el desvío, la injusticia), y hasta la conmoción de la certeza ética (del bien, del mal, del hábito y del cuerpo, del significante y del significado).

La escritura no puede eludir la diferencia entre acontecimientos y narración; la escritura deja una ranura por donde la alteridad hace muecas, pero no habla. Puede admitir todas las presentaciones, las diagramaciones, los juegos gráficos, pero no la coexistencia de las voces o la copresencia de las verdades. Por eso la novela es el mensaje invertido que ahora regresa a

---

[16] Alteridad entendida como ese 'no-todo' con el que Lacan caracteriza lo femenino (que no necesariamente ancla en las mujeres); se trata de lo singular, de un goce que resiste toda significantización y que se opone al 'para-todos' de la función fálica que nos rige y que corresponde a lo masculino y universal.

Foguet, a la manera de aquel mulato entramado en la piel de Adessabeba, "una pupila más de la *maison*, otra de las muchachas alegres de la *troupe de madame* Stéphanie" (*Convergencias* 192), ese otro cuerpo, finalmente del mismo sexo, con el que se copula, para saber algo "del *Hermaphrodite*, el negrero silencioso, el buque fantasma que corría delante del viento por las derrotas del Atlántico" (*Convergencias* 193). Frente a la imaginaria diferencia, lo que se busca es el otro y lo que se halla es apenas el semblante de un cuerpo, la versión excluida de uno mismo, que se ofrece a un coito homosexual y narcisista.

La novela y el tiempo

Bien sabido es que toda narración no escapa a la cuestión del tiempo; el discurso hace lo que puede o quiere para arreglárselas con el tiempo, determinando grados de ficción, incluso cuando se autopretende realista. La relación de lo simultáneo y lo sucesivo no escapa a la temporalidad de la enunciación y la escritura va configurando y añadiendo una construcción significativa según la *dispositio* discursiva. *Pretérito Perfecto* desde su mismo título hace señales de que la cuestión del tiempo está tematizada. La dimensión temporal pone en emergencia la cuestión de la causa, de la memoria, y la cuestión del porvenir. Solo la narración es efectiva al respecto: uno puede escribir versitos en la Cosechera para dar voz al estupor –muchos de los personajes de la novela de Foguet son poetas y algunas pistas los hacen identificables, sea que vivan en Tucumán o en Buenos Aires—, pero hay que ir a la novela para construir (o intentar construir) la genealogía de la muerte: si "somos la consecuencia de muchas inconsecuencias" (383), *Pretérito Perfecto* quiere remontar la cadena del tiempo en busca de la causa, un *après-coup* muy psicoanalítico, por eso se propone como una especie de gozne o de bizagra con aquello que no derivó, un porvenir que no fue: el esplendor económico de una Argentina que a fines del siglo XIX y principios del XX se auguraba providencial; una izquierda lúcida que en el XX no logró la revolución. Tampoco derivó el poder que se anticipaba para la nación en el panorama internacional. "¿Por qué somos así? ¿A quién culpar?" (378). Se trata de ir al pasado para ver si al menos se lo podría justificar aunque más no sea desde la perspectiva de la culpa. Es, en el fondo, una pregunta por la falla de un padre oligárquico gozante que, como en *Tótem y Tabú* de Freud, impele a la conspiración de los hijos que, finalmente culposos por su crimen y rebeldía fracasada, tienen que contentarse, si tienen suerte, con un fragmento insípido del poder de aquél, y soportar la culpa que los hace sentir, en cierto modo, hermanos partícipes de una misma república desquiciada.

Y ese Padre muerto, como en *Hamlet*, regresa exigiendo venganza, aunque en *Pretérito Perfecto*, ligado a los movimientos emancipadores de los 60 y 70, esa demanda ahora superyoica haga muecas rebeldes bajo los velos de una ilusoria certeza revolucionaria que libera una pulsión de muerte, todavía más brutal cuando la novela explora la muerte y los estertores de una clase dominante ahora sometida a los imperativos de las metrópolis capitalistas, y paralela a la muerte de las utopías de una nueva sociedad, una nueva cultura, un hombre nuevo. "La mujer [Solanita, retoño final de una aristocracia venida a menos], una delirante que buscó su destrucción hasta encontrarla"; la aristocrática Solanita y su grupo "se entregaron sin resistir, con cierta altivez" (376), última mueca de la dignidad residual del Amo. Los rumores ahora van haciéndose cómplices de un goce superyoico que atraviesa toda la sociedad. La novela intenta remontar el curso de los rumores, por ende de las palabras ("¿Qué es el pasado sino palabras?" [372]); la escritura otra vez monologa a pesar de presentarse discursivamente como un *mélange* de voces, para hallar una respuesta 'perfecta' a la pregunta histórica por el (doble) fracaso. Dar un sentido no ya a las palabras de la tribu, sino a los restos del naufragio (palabra cara a Foguet, como marino mercante y también por titular su libro de poesías *Naufragios* [1985], publicado póstumamente). Por eso la función de Furcade termina siendo la de inventariar "de paso los desechos de una civilización que termina" (419).

La novela de Foguet llega a su propio límite en la tercera parte, cuando la carta a Montañita permite ver el afán de "obra" del sujeto de la escritura, uniendo ese *Pretérito Perfecto* a la novela anterior (*Frente al mar de Timor* [1976]), y a su vez anular toda la posible emergencia utópica de una aventura escrituraria semejante: en efecto, si *Pretérito Perfecto* se abre con la escritura de un sueño, una vez realizado el recorrido por la esquizofrenia rumorosa de la historia, el resultado es decepcionante: la empresa narrativa ha dejado entrever aquello que José Donoso, años después, convertirá en el título de su novela. Me refiero a *La desesperanza* (1986). "Es difícil vivir sin esperanza" (425), leemos en *Pretérito Perfecto*, novela en la que ésta adquiere dimensiones irreversibles por cuanto cercena hasta la misma raíz del sueño: "Cada día resulta más difícil soñar aquellos buenos sueños..." (425).

El horror monológico de la escritura foguetiana se instala frente a esa deriva castrada de todas las grandes narraciones de la modernidad ("esa errabundez al divino botón" [428]), esa angustia del sujeto frente a un real que el mundo, a pesar de la proliferación de voces y palabras, no logra significantizar. Es que se trata de voces y palabras insensatas que abren y hasta anticipan una cierta dimensión psicótica para la cultura: frente al no sentido, frente a lo rechazado en lo simbólico, solo cabe, en un momento crepuscular de la cultura, delirar con historias inferidas, donde la muerte es la generadora de una sociabilidad desapasionadamente errática, que no hace lazo con el otro, y también de una sociabilidad clasista que excluye lo diferente y, además, ya se instala fuera de la vida (los entierros, dice Patricio, "es de lo poco que nos queda como acontecimiento social" [384]).

El espacio regional del mundo de Hugo Foguet

Sueño, apocalipsis y malestar en la cultura

El apocalipsis, el sueño del fin del mundo que inaugura la novela, como un rumor del Otro, es ahora –después de la decadencia de la alianza de los criollos Navarro con "la nueva oligarquía de los industriales franconórdicos del azúcar" (Aráoz, "Asedios" 83)— el fin de la/s utopía/s de los 60. Paradojalmente, este vaciamiento es aún el núcleo de la nostalgia del exiliado y el estupor frente a los montajes cosméticos que la dictadura bussista había realizado de San Miguel de Tucumán ocultando los horrores de su accionar, para ajustarlo a esa etiqueta de la historia oficial, como Jardín de la República:

> Si volvieras te sorprenderías de tanto hueco, plazoleta y jardincito con hamaca y tobogán y pintura infantil en las paredes juiciosamente emparchadas y apuntaladas. (421).

El término 'infantil' no deja de hacer juego con famoso artículo publicado por María Elena Walsh, el primer desafío frontal a la dictadura, bajo el título de "Desventuras en el País-Jardín-de-Infantes", en 1979. La dictadura reinscribe esa idea tan conservadora, como *Pretérito Perfecto* la registra, de una concepción del pueblo como un niño necesitado de padres severos que lo disciplinen para beneficio de la familia nacional. En palabras de Patricio, un país con todos "[v]igilados discretamente por los mayores" (354).

El sueño de Max que abre la novela, ese sueño del fin del mundo cuyo entramado textual corresponde a la figuración xulsolariana ("Del cielo descienden en paracaídas nuestros vehículos" [15]; "las máquinas celestes que poblarán un cielo a lo Xul Solar, elementales y bellísimas" [34]), abre una cadena metonímica, un torrente interminable, de tipo proustiano, de recuerdos y recursos, donde el sujeto no puede evitar la errancia y el exceso de la significación ("me pierdo" [13]; "por donde andamos" [21]), al momento de intentar escribir el sueño y *a la vez* proceder a su desciframiento: "Hay que anotarlo para el análisis" (14); "Despierto y me pongo a escribir todo para no perderlo" (16), como si hubiera una posibilidad de totalizar a partir de ese archivo siempre abierto que es el inconsciente: Derrida nos habla, precisamente, de "una incompletitud del archivo" (59).

A ese sueño apocalíptico corresponde ahora el sueño final, que cierra la novela, y que ya no cuenta con símbolos precisos (425), aunque se mantiene la misma dificultad de dar escritura a esa formación del inconsciente y su consecuente interpretación. Este "sueño" final se ha transformado respecto del primero, es la historia como pesadilla, en donde el sujeto también admite la errancia: "¿Dónde estábamos?" [419]), incluso más insoportable que la del primer sueño. Porque si en el primer sueño, a la manera del *Primero sueño* sorjuanesco que parte de la noche e incluye, al igual que el sujeto de la escritura foguetiana, una mirada al mundo a la manera del *Somnium Scipionis*, de Cicerón, y luego se llega a la luz del día, el sueño final de *Pretérito*, en cambio, no logra alcanzar la luz y la novela se cierra con un retorno desesperanzado a la oscuridad.

El espacio regional del mundo de Hugo Foguet

El primer sueño se nos aparece como un espacio significante "lleno" en el que aún cabe la esperanza de la interpretación para dejar emerger la Verdad; en el segundo, en cambio, asistimos a una revelación sobre la invalidez misma de la interpretación como dadora de sentido. De un espacio onírico ricoeuriano en la que habría que excavar el sentido oculto o escondido, pasamos al espacio freudiano por excelencia en el que no hay *un* sentido oculto, en que no hay un progreso de la Verdad, en que hay un núcleo de goce ("ombligo del sueño", lo llamaba Freud) nunca interpretable. Sin embargo, dicho sueño final permite apreciar la insistencia de la repetición; ya no vemos en este segundo sueño una atemporalidad y exclusividad del Bien, como se insinúa en el primer sueño, donde se infiere al menos la posibilidad de escapar del mundo como huida hacia otro espacio de salvación. Es aquí donde se nos aparece el hombre desnudo frente a la emergencia de lo real desde el sueño, revelación que la novela procura a Max mediante la deconstrucción de la dialéctica entre la dimensión mortífera y la dimensión erótica de la cultura.

> Enciendo el fuego que alimento con papeles y libros. Me acurruco frente a las llamas y tiemblo, desnudo y erizado como un cazador del paleolítico. Del otro lado del fuego la Coronel Zelaya[17] es toda la anchura del mundo. (429).

Es la llegada a un momento de clausura (de la novela) pero el retorno a un espacio (onírico), todo él traspasado ahora por la figuración del vacío a la manera de de Chirico, en donde el

---

[17] Nombre de la calle en la ciudad de Tucumán en donde estaba el domicilio de Foguet. En el habla tucumana, suele anteponerse el artículo a los nombres de calles y de las personas (la Imelda),

silencio, la luz gélida, la soledad, dejan al sujeto frente a las ruinas de lo que fue, del pasado esplendor, y lo comprometen a iniciar la nueva era, para la cual la escritura ya no provee ni voces ni palabras: afasia narrativa para el porvenir.

Es aquí donde corresponde subrayar la distinción narrativa: si en el imaginario del relato ambos sueños son en parte equiparables, no lo son en su totalidad. Max es quien sueña en ambos casos, pero el sujeto del inconsciente ya no es el mismo: en el sueño inicial es el observador, el protagonista que, desde su lugar en este mundo a punto de reventar, mira el cielo y quiere escapar hacia la inmensidad del universo. En el sueño final, en cambio, Max es alguien confundido en la maraña de desperdicios terrestres y humanos; ahora es Arturo quien mira, como el Escipión ciceroniano, el sueño de los hombres capturados por su vanidad. En este segundo sueño, asistimos a un simulacro barroco y hasta quevedesco, en el que se detalla la deformación de las cosas, la vanidad del poder, el sinsentido de las empresas. El desplazamiento de la perspectiva narrativa de "mirar" a "ser mirado" por otro, desplazamiento del primero al segundo sueño, enmarca un espacio de inmersión (una temporada en el infierno de la historia: el resto de la novela) que cuenta con dieciocho capítulos en posición de alternancia (Clara Matilde y los hechos del pasado remoto y esplendoroso de la oligarquía en los capítulos impares, y el presente de represión, muerte, evasión y fracaso de las clases y los discursos —de todas las clases y de todos los discursos— en los capítulos pares).

Este plan de alternancias, y a la vez circular e iniciático, conduce al sujeto de la escritura (ya no Max ni Furcade) a la certeza del malestar en la cultura y lo lleva a su límite de deconstrucción, momento en que la pulsión de muerte lo captura y lo hace detenerse frente a este límite del Amo absoluto, como lo llamaba Hegel. *Pretérito Perfecto* es una novela moderna, monológica, porque su escritura se sujeta (como puede) a una voz: "Una cosa-suceso contiene a todas las demás, las refleja como un aleph refleja el universo" (66). Si el relato es plurivocal, la escritura no lo es. Max y Furcade, aun cada uno como sujeto escindido, no hacen sino remitir a la escisión fundamental del sujeto de la escritura que, desesperanzado y envuelto en la melancolía producto de un duelo por la revolución que nunca fue, continúa intentando las muecas clásicas, a la manera de un demiúrgico Balzac que, pudiendo ahora incorporar la marca de su ironía, hiciera el balance de la comedia humana de la historia nacional.

III

Lugares y espacios: del 'aca' y del 'acá'

> La situación, dice, puede resumirse en lo expresado por un graffitti de la Calle Córdoba. Allí una mano rebelde escribió "los oligarcas al paredón" y otra mano, menos rebelde pero no por eso menos tucumana, retrucó: "coman acá, envidiosos. (164)

La edición que Legasa hace de *Pretérito Perfecto* va deslizando, en la dimensión del error, y sin fe de erratas, un excedente escriturario que deja aparecer, en el campo pulsativo que corresponde al inconsciente— tal como Lacan lo planteo en su *Seminario 11*, esa apertura-cierre inmediato—una marca significante que, leída como síntoma, se establece como una inocente diferencia de intensidad fonológica: el acento. Es tal vez la forma más mínima, más culminante y/o más embrionaria de la sarmientina dicotomía de civilización y barbarie. Un guiño suprasegmental que no complica directamente ni al autor ni al sujeto de la escritura, ni tampoco a los narradores o las voces del relato, sino a un nuevo sujeto, un nuevo agente difícil de designar, pero que, por comodidad expositiva, podríamos llamar "sujeto de la edición". El error de imprenta (aca/acá) en el epígrafe de esta sección no es casual, al menos en este caso. No es casual tampoco el hecho de mi lectura habilitándolo como síntoma. Se trata de la barrera editorial que instaura la Avenida General Paz, esa avenida que lleva el nombre de un general tucumano que, poniéndole nombre al collar capitalino porteño, separa los espacios nacionales de intensidad o los espacios de intensidad nacional.

El sujeto de la edición es como un suprasujeto, ese Otro de la parroquia, agarrado aquí con las manos en la masa, pues se delata a sí mismo en su presentación: editar una novela "del interior" desde Buenos Aires confundiendo la mierda (el 'aca' en el habla tucumana) con el lugar (el 'acá). Es la misma polaridad que afecta la producción cultural: Buenos Aires es la norma, el hábito, la intensidad (acento); todo el resto es una periferia enorme, un espacio coprológico, siniestro, evacuado y hasta ortográficamente errado. La novela de Foguet sitúa su problemática escrituraria al incentivar la potencia productiva del basural: la negatividad excluida produce ahora sus propias evacuaciones a través de ese fenómeno incomprensible que es el populismo (de Yrigoyen, de Perón) que impulsa a los subalternos a invadir la cabeza de Goliat.

La novela no deja de mostrar esta inversión del proceso 'habitual' de la cultura argentina producida a partir de la movilización popular, impulsada por el discurso radical de las primeras décadas del siglo XX, por el 'horror' peronista de los 50 o por el utopismo izquierdista de los setenta/setenta. Se trata de un avance de "la negrada" que, sin exagerar, podríamos extender hasta Gladys la bomba tucumana, los cuartetazos y las bailantas de las décadas posteriores. *Pretérito Perfecto*, a su vez, no solo describe este contra-ataque cultural, sino que denuncia la sordera empecinada de Buenos Aires, la capital, como metáfora impertinente de la cultura nacional. El episodio de la Imelda Lazarte, que vio a la Virgen en un rincón de la provincia, recorre un largo camino que dibuja una paradojal elipsis, para terminar, *Paris-Match* de por medio, semiotizada poéticamente —

según Mariano Subirat— en una película de Fellini (350, 357-358). Es la misma trayectoria del jovencito gay, Gabriel Iturri (1860-1905),[18] "alumno de Groussac, protegido de Avellaneda" (62), secretario y probable amante de Robert de Montesquiou (1855-1921), que va de la Yerba Buena tucumana a París, para terminar enterrado al lado de lo ilustre (de la literatura y sobre todo de la literatura francesa/europea).

> Ese caballero tenía un secretario tucumano (un conde, vea usted, con un secretario nacido en la Yerba Buena), todo un destino porque murió joven y está enterrado allí, junto a su amigo, cerca de Paris. Es triste. (59)

Todo el movimiento del interior, todo su flujo deseante, describe una línea de consagración absolutamente inversa –incluso a nivel de género sexual— a la del inmigrante próspero y avasallador, masculino y patriarcal: Carlos Sorensen, el patriarca que, saliendo de un oscuro pasado de la Europa supuestamente civilizada, viene a encontrar en Tucumán el espacio propicio para amasar su fortuna, después de hacer su práctica de explotación humana en el Caribe y leer atentamente el manual del torturador.

Todo *Pretérito Perfecto* surge de este cruzamiento entre un afuera europeo o internacional consagratorio del "aca", y un "acá" consagratorio –localizado en la capital porteña con sus representantes culturales de clase en cada provincia—de la dudosa estirpe ('aca') europea. El 'acá', ese espacio porteño de la mediación, siempre sobrepasado, deviene, por ese sujeto de la

---

[18] También conocido como Gabriel de Yturri. Aráoz ("Ciudad y archivo") da otra fecha de nacimiento, 1881, pero en estos años ya Iturri estaba en Buenos Aires.

edición, el lugar de la utopía degradada: la del escritorzuelo o corrector de Legasa, del mediocre a quien se pone la zancadilla del lenguaje, a través de la minucia de un acento. La novela de Foguet, en este sentido y por este lapsus (que imagino que Foguet, con agrado, no corrigió intencionadamente en las prueba de imprenta) constituye la trampa más astuta y mejor fraguada contra el sujeto de la edición que la literatura 'regional' ha jugado a la literatura argentina.

La novela-casa / la novela-ciudad / la novela-cementerio

Tucumán, la ciudad foguetiana—a diferencia de Macondo o Comala—no es simplemente un espacio donde transcurre la acción, sino que es ella misma la acción; no oficia de marco sino que se despliega como una dimensión de enmascaramientos: "una ciudad ingrata que cambia de disfraz como un travesti" (382). Ya vimos cómo esta perspectiva de género sexual que caracteriza a la ciudad, ponía en juego, a nivel del relato, la androginia y el hermafroditismo. Esta ciudad está atravesada por un juego de fuerzas: viejas aspiraciones aristocráticas que luchan con la emergencia progresiva de un presente vulgarizado, ambos a su manera corrompidos, violentos y desquiciados.

Como Melquíades en *Cien años de soledad*, Clara Matilde vive confinada en una habitación que, en su brumosa permanencia, conserva las huellas de un esplendor ahora artificialmente contenido, a la manera de un museo o de un desván, dentro del espacio ficcional y abreviado de un espacio mayor: la casa familiar, a su vez contenida por la ciudad, siguiendo el esquema tradicional de cajitas chinas típico de la novela realista-naturalista. Como diría Derrida, Clara Matilde es la guardiana del archivo de su clase; el archivo, al borrarse, "se hace transparente o accesorio para dejar al *origen* presentarse a sí mismo en persona" (Derrida 100); y Clara Matilde, representante testimonial y hasta espectral del pasado oligárquico-burgués, de ese Uno[19] clasista, excluyente, que "nunca sucede sin violencia"

---

[19] "Desde que hay lo Uno, hay asesinato, herida, traumatismo. Lo Uno se guarda de lo Otro […] Se protege contra lo otro […] lo Uno olvida volverse

(Derrida 85), es el archivo y la borradura del mismo "en persona". Furcade, en cambio, el arconte, el que quiere poner ley en ese archivo. En efecto, "el sentido de 'archivo', su solo sentido, le viene del *arkheîon* griego: en primer lugar, una casa, un domicilio, una dirección, la residencia de los magistrados superiores, los *arcontes*, los que mandaban" (Derrida 10). En *Pretérito Perfecto*, aunque los arcontes—nos dice Derrida—son ante todo los guardianes del archivo, las funciones entre Clara Matilde y Furcade asumen lo topológico y lo nomológico, separadamente. Una es guardiana, no solo de lo que hay en la habitación, sino del resto del poder y privilegio de otrora; el otro interpreta los residuos y las ruinas de la memoria de la anciana y los objetos de la casa para entender la ley del archivo, del patriarchivo, para alcanzar la "verdad patriárquica" (Derrida 11) del pretérito perfecto de la oligarquía azucarera. Porque lo que está en juego en la narración es develar el secreto de ese poder de clase y, en ese sentido, "la cuestión política del archivo [...] atraviesa la totalidad del campo y en verdad determina de parte a parte lo político como *res publica*" (12, nota 1).

Ningún poder político sin control del archivo, cuando no de la memoria" (Derrida 12, nota 1). Furcade apunta al mal de archivo, esto es, a la pulsión de muerte que, muda, ancla en el archivo; intuye, por una parte, que esa pulsión destructiva, de agresión y de muerte está funcionando en el olvido, en la borradura y las interrupciones de Clara Matilde, pero también en la calle, en la violencia que atraviesa la ciudad y las luchas estudiantiles y obreras. Como dice Derrida, "la pulsión de muerte

---

sobre sí mismo, guarda y borra el archivo de esa injusticia que él es" (Derrida 86).

es, en primer lugar, *anarchivística*, se podría decir, *archivolítica*. Siempre habrá sido destructora del archivo, por vocación silenciosa" (18), como más tarde ocurrirá con la borradura de los cuerpos de los desaparecidos, de las listas negras, de los documentos incriminatorios del genocidio de Estado: "Los fantasmas no hacen ruido" (196).

El dormitorio de la anciana —como una tumba faraónica— guarda los repertorios de objetos del pasado, los íconos de aquellos rituales clasistas, ahora desaparecidos, como si se tratara de un libro formado por restos de enunciados, palabras sueltas, desgajadas, párrafos inconclusos. Como un álbum formado por fragmentos o como un sueño, la habitación se le presenta a Furcade como una escritura cifrada; sólo la anciana puede recorrer esos fragmentos invocando los hilos invisibles que los ordenan, reconstruyendo el tejido original, determinando el sentido de las filiaciones secretas, siempre y cuando la memoria no se deje atrapar por el mal de archivo. Se trata de una dialéctica escabrosa con el silencio, una parte del mundo sumida en el callado espectáculo de los objetos, cuya elocuencia depende solo de la voz de Clara Matilde, único eslabón posible con lo clausurado: el pretérito perfecto, ese pasado muerto, cerrado, cuyo secreto o cuyo real o goce carecen del significante apropiado, que Furcade pocas veces encuentra a pesar de todos sus esfuerzos por aceptar la máquina de archivo con oporto y gaznates. Voz de Clara Matilde, lubricada, garganta/gaznate, asediada por el sueño; voz falible, aunque privilegiada y única, para que el libro exista.

El resto de la casa es ya algo carcomido por el silencio. Todo en la casa es ausencia o vacío o signo de ello. No se trata de una oposición simple (menos aún de una dialéctica) del adentro y del afuera, porque se le sobreimprimen las dicotomías de lo propio y de lo ajeno, la de lo lleno y de lo vaciado. Es en el espacio propio de la casa donde se ha instalado la ajenidad como silencio. Lo propio se ha transformado en reducto. Cuando Solanita quiere reinstalar el pasado en la parte vaciada de la casa, ocurre la catástrofe. Paradojalmente, el afuera está formado por la ajenidad y algo de lo propio, la ciudad y la parte vacía de la casa. Solo el dormitorio de Clara Matilde, como la residencia funeraria de la marquesa de Tai (*Naufragios* 36) o como un museo en medio de una ciudad que se desconoce en él, permanece del antiguo esplendor, de la soberbia dinastía.

A este interior disperso y silencioso, agonizante, se opone el afuera. Este afuera es un conglomerado de gritos que se oponen a la voz melodiosa de la anciana. Gritos de jóvenes en las barricadas del Tucumanazo, gritos de milicos en su fiesta de la represión, gritos sin información, sin saberes (propios). Porque el saber es también un espacio que tiene su afuera y su adentro, su pertenencia y su ajenidad, su autenticidad y su colonización. Los gritos son ecos, siempre réplicas degradadas de otros gritos más originales: los del 68 parisino, los de la Revolución China, lo de 'otros' libros. En el límite de estos espacios hay una pantalla invisible, pero no menos operante; una pantalla doble, en cuyas caras se proyectan mundos irreconciliables, mutuamente irreconocibles. Se trata de un biombo que representa una frontera o, mejor, una ruptura, aunque al mismo tiempo establece una continuidad, y a costa de ella, de un lado o del otro, su traspaso supone la desintegración del sujeto. ¿Qué es o en qué consiste esa pantalla? ¿Es el fantasma de la escritura foguetiana, de su sujeto escriturario? En tal caso, *Pretérito* apuesta a la idea literaria, romántica si se quiere, de que "los fantasmas son siempre convincentes aunque no existan" (288).

La novela de Foguet se propone, a su vez, como dramatizando esas mismas diagramaciones del relato. *Pretérito Perfecto* es, además, el espacio cerrado de una serie de eventos y situaciones narrativas, que toman sentido por su misma concatenación y que, sin embargo, presuponen un afuera con el cual establecer una relación y a su vez una diferencia. Algunos personajes ya estaban en *Frente al mar de Timor*, y muchas obsesiones escriturarias atraviesan la malla narrativa hasta *Convergencias* y la malla poética de *Naufragios*. *Pretérito Perfecto* equivale en la obra de Foguet a la casa de Clara Matilde: es el espacio familiar de la clase, llena de sobrentendidos, de secretos, de insinuaciones, de equívocos, de poses, de guiños, entre los personajes y entre la novela y sus lectores. Para los tucumanos contemporáneos de Foguet, había claves precisas, que no necesitaban notas al pie; tal vez en el futuro, alguna edición las haga necesarias, pero no tan efectivas en su complicidad.

Para los personajes de *Frente al mar de Timor*, la ciudad es todavía un paisaje que recorren, que descubren, que pueden inventariar, a la manera de un *flâneur* benjaminiano; por eso esta novela, a pesar de su evidente intención de ruptura, sigue siendo una novela "regional". Pero con *Pretérito Perfecto* la escritura cambia, se transforma: la ciudad es ahora un espacio vocal y discursivo, una escritura producto de innumerables lecturas clásicas, clasistas y políticamente reconocibles; es un territorio diseñado por los deseos y las proyecciones de sus protagonistas. *Pretérito Perfecto* es la novela-casa y también la novela-ciudad, todas (novela-casa-ciudad) viven y hablan, son sujeto y no objeto a representar. Pero hay algo más ya estigmatizado por el título mismo de la novela: se trata de una ciudad-cementerio, con sus calles, sus mausoleos cuidadosamente diseñados para la vida eterna que, como cualquier casa, requiere de los cuidados continuos de limpieza y ventilación: "la calle del cementerio con su número como cualquier casa de la ciudad" (261); "Una bóveda es como una casa" (263). Ese cementerio, el llamado del Oeste,[20] donde está la clase dominante, se corresponde también con la ciudad, con sus monumentos bajo nombres propios y reconocidos, distribuciones de privilegio, que disponen centros y márgenes; sin embargo, la novela no transciende a una dimensión ultramundana: el cementerio es el archivo de los muertos, pero no hay un más allá de la Muerte que lo trascienda, salvo una fama mayormente olvidada, devorada por el mal de archivo. La falta de una muerte transcendental elimina toda interpretación épica de la novela, en la medida en que no hay una experiencia en el infierno capaz de fundar la posibilidad de un héroe. Por eso en *Pretérito Perfecto* lo que importa es —y Guillermo Siles lo retoma— el lenguaje: "no trabaja sobre las vicisitudes del héroe, sino que tiene que ver con la aventura del

---

[20] Aráoz nos detalla que el cementerio del Oeste fue la primera necrópolis inaugurada en San Miguel de Tucumán en 1872. A la manera del cementerio porteño de Recoleta, alberga en sus monumentos y tumbas a 22 ex gobernadores, 17 intendentes y personalidades como Juan B. Terán, fundador de la Universidad Nacional de Tucumán, o artistas de la talla de Lola Mora. "Los primeros tiempos del cementerio—escribe Aráoz—coincidieron con los años dorados de la industria azucarera que permitían holgura económica, y tanto las familias tradicionales como las de algunos inmigrantes prósperos podían costear la construcción de los majestuosos sepulcros. Las construcciones constituyen un muestrario de estilos arquitectónicos: algunas son italianizantes, otras de inspiración greco-romana o de corte francés" ("Ciudad y archivo", nota 11).

lenguaje" (133). Ya había yo planteado esta cuestión en mi temprano ensayo sobre *Naufragios*: "En la poética foguetiana se trata de un verdadero programa donde el futuro será perfecto (muerto, acabado) si no se trabaja en ese lugar de la "palabra contra palabra", de la potencia mortífera y dominante de la palabra extranjera y el murmullo silencioso de la palabra propia; habrá futuro imperfecto (vivo, inacabado) si se retoma la búsqueda del lenguaje de esos esqueletos perdidos en el silencio y la infinitud de un espacio poblado por seres que *creen* vivir, viviendo en el desconocimiento de sí". No sorprende, pues, que la cuestión de la casa-tumba y la ciudad-cementerio aparezca como un intento de interrogar "esos esqueletos perdidos en el silencio":

En el otro extremo de la ciudad se yergue el cementerio del Norte para el descanso eterno de las clases marginadas, aquellos que no aparecen en el archivo de la historia oficial o aquellos que, aun alcanzando una dimensión mítica, como el bandido Bazán Frías, y habiendo sido asesinado por la policía en el cementerio del Oeste, es trasladado al del Norte y recibe sus homenajes en el día de los difuntos (Aráoz, "Ciudad y archivo", nota 14).

> el cementerio de los pobres era vulnerable en su tapia posterior, derrumbada en algunas partes, asaltada por enredaderas y yuyos, perros hozadores de carroña y ladrones ocasionales. Solitaria porque separaba a los muertos no de la calle, del trote de los caballos y los carros, sino del cañaveral que como un mar de olas verdes –las dulces cañas mecidas por el viento—llegaba desde el naciente hasta el flanco desguarnecido del camposanto. (274)

Así como la casa tiene sus espacios excluidos, silenciados (para Clara Matilde las habitaciones son solamente once, aunque el memorialista Sisto Manuel Navarro Mendieta cuenta quince o veinte [155], porque Clara Matilde omite, excluye las de las criadas), también la ciudad distribuye en forma clasista sus muertos. La ciudad que se nos ofrece es la que se fragua en el vagabundeo ideológico –parloteo discursivo— de los cómplices, subalternos o no, que la recorren diariamente en sus calles, en sus edificios públicos, en sus bares nocturnos, pero que, fundamentalmente, *la hablan*, del mismo modo a como la historia de los Sorensen está vista y narrada desde los ojos de su entorno, genealógico o intelectual, pero nunca desde las voces de sus periferias. Se trata de perspectivas cuyos discursos se oponen o se excluyen mutuamente, pero responden a territorialidades e itinerarios urbanos puntuales y diferenciados. No todos los lectores (también diferenciados y espacio-temporalmente distribuidos) pueden llegar más allá de las sospechas de que, bajo ciertos nombres, hay ciertos referentes históricos precisos y que bajo ciertas ceremonias se esconden también específicos acontecimientos y hasta secretos crímenes. Resulta evidente, en todo caso, que el sujeto de la escritura de la novela, más allá de su perspectiva crítica, se inserta en el campo delimitado por el radio de la complicidad con el grupo dominante y privilegiado. De ahí, como sostenemos, proviene la monología de *Pretérito Perfecto* a nivel escriturario, más allá de la multiplicidad vocal del relato. En efecto, solo el sujeto de la escritura tiene aquí una posición de amo, de omnipotencia y por esto la novela, aunque trabaja con la intertextualidad, no es una novela polifónica, al menos a nivel de la escritura; sigue siendo, a su manera, una novela clásica y monológica. Bajo una voz (camuflada por voces) el sujeto de la escritura refiere el pasado perfecto para una novela perfecta, cerrada, sin faltas, como la muerte en tanto fin metonímico y clausura del deseo. Y esa voz solapada, enmascarada, aunque asuma una posición de omnipotencia, no es la de dios, sino la de un sujeto muy localizado en la estructura de clase, ya no la del pasado oligárquico, sino más bien la de una clase media intelectual, acorralada, vengativa, confundida, ahora ella *sin rumbo* –aunque haya variado desde Cambaceres la perspectiva de clase.

Si *Frente al mar de Timor* es la cocina foguetiana, *Pretérito Perfecto* señala la voluntad de hacer una sola Obra, de hacer una ciudad como suma de discursos posibles sobre la tormentosa historia del siglo XX, con su comedia humana, como un espacio que se autopercibe como geográficamente periférico respecto de la nación pero, no obstante, también como partícipe, representado o, mejor, auto-representado como profundamente incluido en el debate de la modernidad y la posmodernidad, porque –a pesar de su consistencia neocolonial— la ciudad de Tucumán en Foguet se vive a sí misma no como paisaje (esto, como dijimos, la separa de la novela realista y regional), sino como multivocal o multidiscursiva, como alfajor o entrevero, como atravesada por el mundo y a su vez insertada en ese mundo: la Imelda Lazarte sufriendo los coletazos de una economía dependiente y a su vez insertada en el texto fílmico de la Roma felliniana.

Alternancia y fronteras

> Su puerta era genérica: la *Puerta*, un símbolo para una frontera. (189)

En *Pretérito Perfecto* la ciudad, como vimos, no es paisaje. Es una topología. Desde el punto de vista del relato, como también dijimos, hay un espacio polifónico, pero a nivel de la escritura este relato casi festivo se va organizando en una serie por alternancia de par e impar: par, para el tiempo presente, el de las luchas estudiantiles en la Quinta Agronómica, el de Molinuevo y la represión policial; impar, para la reconstrucción del pasado, el de la pregunta por el patriciado, por su poder y por la causa de su decadencia, el de Clara Matilde y su memoria aceitada de Sandeman. La lectura es, pues, un recorrido por los contenidos, pero también una manera de significar la alternancia, lo cual requiere lo uno y lo otro, pero volviendo a lo uno y reiniciando la repetición. Solamente en la serie de tres, incluso de cuatro, podemos decir que la secuencia opera por alternancia. La escritura avanza por dos movimientos de discurso narrativo: uno, hacia el presente, generalmente contrapuntístico entre los personajes de la élite intelectual: Arturo, Max, Solanita, Celita, el ingeniero Weighan, Patricio, Marta-con-hache, la Negra, etc. El otro, impar, tan zigzagueante como el primero, guiado por la ceremonia de los gaznates y el oporto en la provocación de la memoria de Clara Matilde, que Furcade realiza —aunque con resonancias proustianas— en forma muy diferentemente a Proust: pues si en el francés la memoria va deshilvanándose involuntariamente, en Foguet ésta solo admite la imposición de hablar, es una provocación, una violencia sobornada por los dulces, una operación de extracción la más de las veces eventual aunque no siempre verosímil: Clara Matilde puede (de hecho solo otorga) una versión de los hechos desde su lugar de moribunda y desde el escamoteo absoluto de su cuerpo ("usted se ha pasado la vida negando el cuerpo" [196]). Furcade es el historiador con pretensiones de analista, aunque resulta, finalmente el analizado: el sujeto supuesto saber aquí es Clara Matilde; Furcade es el historiador-tirano: hace hablar para no hablar él, a la manera del obsesivo; trata de burlar la censura o la represión de la anciana, pero no elabora la propia; exige cada vez más y hasta se permite algunas disidencias y algunas aclaraciones irónicas dirigidas a su analista, que —literalmente en este caso— hace el muerto, como planteaba Lacan.

La alternancia escrituraria, que confronta los ceremoniales familiares con las tácticas represivas militares, ambas secretamente cómplices, también interviene a nivel del relato instaurando un diagrama para el ordenamiento sexual:

> Patricio dijo tener presente la mesa tendida entre los macetones y el orden observado de una chica y un chico, así, en este orden absurdo de la parejita, desde chiquitos puestos unos al lado del otro para reproducirse como conejos. Vigilados discretamente por los mayores... (353-354)
>
> CRONOLOGIA DE LOS SUCESOS. Arenga del coronel Franco della Rota a los estudiantes prisioneros en el campo de fútbol del viejo Central Córdoba. Bandera de guerra y banda lisa. Varones a la derecha, hembras a la izquierda. (71)

Tanto un movimiento como el otro tienen un límite: los capítulos pares se organizan en función del juego evasión/invasión: la élite de amigos departen en sendas mesas suculentas sobre el zen, la bisexualidad, los platos voladores, el poder, la literatura y la poesía, la crítica, el arte. Como lo señala Walter Benjamin, "Proust's analysis of snobbery, which is far more important than his apoteosis of art, constitutes the apogee of his criticism of society" (243). Y lo mismo podríamos decir de Foguet. Sin embargo, estas conversaciones solo intentan exorcizar la irrupción de la otra voz: la de los invasores, como Molinuevo, y la de los invadidos, las víctimas, como los estudiantes de la Quinta Agronómica. El límite aquí es la repetición que lleva al agotamiento por la masturbación intelectual, la llegada del amanecer, el cansancio y hasta el asco de unos por otros. En el caso de los capítulos impares, el límite es el olvido, provocado por la represión y la censura. Pero también, para Furcade, el límite es más concreto, pues cuando intenta la constatación de los datos de su informante, hacia atrás, el límite es el crimen fundador de la clase. A medida que se va más atrás en la historia, se encuentran más crímenes: "Un hecho de sangre que nos llevaría muy lejos" (289).

La memoria foguetiana funciona por adición de datos, de chismes, de palabras, de recuerdos, de embustes, de citas, de literatura, de aburrimiento. Toda ese itinerario de escritura, finalmente, cuya figura es la adición por alternancia, se expande en proporción inversa al sentido: la historia, nos dice la novela, no tiene ningún sentido ("La historia no tiene un sentido y el mundo tampoco" [360]). Sin embargo, el sentido, cualquiera, el de Clara Matilde, el del Comisario Molinuevo o el de los estudiantes de la Quinta, sigue teniendo una historia.

También hay puertas que ofician de límite o frontera para lo genético, lo erótico, lo clasista y lo racial.[21] Furcade adiciona nombres al árbol genealógico de los Sorensen. Sin embargo, la novela expone la herencia y su debilitamiento por un empecinamiento en la endogamia de clase. La fantasía genética del relato se detiene, sin embargo, frente a las penetraciones contingentes, de diversas mixturas raciales o clasistas que operan como válvula de escape del deseo encorsetado a los códigos culturales de la familia y el patriarcado. A pesar de estos momentos de supuesta liberación, no hay adición "de otra sangre":[22]

> Una rama agotada —pensó Furcade—, un costado del árbol que no prosperó porque la savia no fue allí tan firme... (267).
>
> [L]a misma sangre, la corriente de genes que no se renueva, o se renueva de tanto en tanto...para garantizar

---

[21] Derrida nos recuerda que la pulsión de muerte, la pulsión de anarquía "[n]o deja en herencia más que su simulacro erótico" (19), "deja huella de una incisión *en plena* piel" (27), por eso se la puede leer en los encuentros sexuales, ceremonias sociales, orgías que la novela de Foguet describe. *Pretérito Perfecto*, en este sentido, es una novela-archivo, puesto que "[l]a archivación produce, tanto como registra, el acontecimiento" (24).

[22] No se puede dejar de pensar en *Sin rumbo* de Cambaceres como el punto de partida de estas cuestiones "sanguíneas", ligadas a raza, clase y género sexual. Toda mezcla, parece decirnos Eugenio Cambaceres como participante de la oligarquía, produce cataclismos, catástrofes. El final de *Sin rumbo* es, como en Foguet, apocalíptico y proféticamente aniquilante: el suicidio del padre, su autodespanzurramiento sobre el cadáver de la hija bastarda, ahora cubierta con la mierda a medio procesar de su progenitor, como una expiación de culpa, mientras los obreros queman el depósito de la lana (Geirola 1992).

la supervivencia, su futuro y el de los hijos de sus hijos (271).

La estructura familiar e ideológica es cerrada, perfecta. Por eso los que no se someten, huyen como Rachel que "había huido a tiempo del catre del panteón de los Sorensen-Navarro Páez" (189). Una estructura cerrada intenta ortopedizar el deseo, pero éste deriva hacia un afuera diferente: contra lo esperable del mandato que obliga a lo inclusivo, resulta que toda estructura cerrada es expulsatoria. La ciudad es una estructura también cerrada y homogénea en el imaginario de la clase hegemónica: es su utopía. Sin embargo, la ciudad está cada día más habitada por la diferencia e invadida por el afuera: los obreros de los ingenios azucareros que reclaman mejoras salariales y sociales, los "descamisados" que exigen justicia social, los estudiantes rebeldes que claman por la revolución. Antes, la diferencia era cancelada, evacuada: los poetas que se suicidaban ("Fue una epidemia de suicidios y muertes prematuras y era, lo decía todo el mundo, la flor de la poesía del norte" [158]), los homosexuales rechazados y perseguidos que huían (como Iturri), los villeros que eran desalojados, y hasta los onas llevados a la Exposición de París en 1889 (51).

Itinerarios y lecturas

Si la escritura avanza por *alternancia*, el relato describe, como plantea Ernesto Laclau, la imposibilidad de la clase de elaborar *alternativas*: el encierro sólo produce degeneración, como la tangencial transformación de Solanita de beata en agitadora de izquierda. Al asumir la diferencia se convierte en víctima, y como tal entra en la danza de la muerte. A un relato plagado de voces, se le opone la incapacidad del discurso de la clase de admitir otras voces, de permitir el registro del otro, de darle un lugar en su retórica esclerotizada. Por eso la casa de Clara Matilde es como un enorme panteón, y también por eso la ciudad es la polarización de dos cementerios, dos lugares topográficamente dispuestos donde cada cual tiene su futuro en la forma de un catre de bóveda, en una callejuela preferencial o secundaria, o en un nicho en vez de una sepultura. El cementerio, de los ricos o de los pobres, con ceremonias diferenciales, sigue siendo sin embargo el plano más acabado de la ciudad deseada y definitiva: perfecta, porque allí las voces están acalladas, los rumores silenciados; porque allí todo puede permanecer clasificado pero elocuente. "A dos monumentos de por medio" (94), es decir, cada cual en su puesto.

Alternancia escrituraria y alternativas (o falta de ellas) a nivel del relato, se registran también en la frontera que separa dos versiones de la historia, aquello que el inglés diferencia entre *story* y *history*. Uno podría simplemente dejarse llevar por la novela para convocar a partir de ella un contexto siempre bien pautado y controlado por la escritura. Se sigue de cerca, pero a través de versiones o comportamientos cuestionables, el proceso de la otra historia, la que uno puede encontrar en *La Gaceta* o en *La Nueva Provincia*, o la que puede hallar en los documentos seleccionados por los historiadores (Carlos Páez de la Torre (h), Osvaldo Bazán, Eduardo Rosenzvaig), o bien en los esquemas didácticos de cualquier historia de la provincia (Ezcurra y Lobo), pero la escritura atraviesa el dato y la erudición para dejar emerger un murmullo cómplice y siniestro, familiar, donde el micromundo urbano de la clase patricia ritualiza, por medio de la repetición, su decadencia: otra vez la funcionalidad del rumor, ya que, como nos dice Degh y Vazsony (citado por Kapferer 60), el rumor selecciona sus receptores como *aliados*. Por eso el rumor es el ceremonial por excelencia para tematizar la visión de la historia en Foguet: el rumor cambia y a la vez permanece; cambia en tanto adiciona o elude, pero permanece en tanto conserva un núcleo generador y una cadena de cómplices. En La Cosechera o en la casa de Patricio, entre otros lugares, se aprecia cómo la emergencia de las palabras está funcionando para revelar la ausencia de la palabra. Cuando no se tiene nada que decir, se rumorea para sostener al menos la idea de contacto, la serie, el canal, la función fática, diría Jakobson. Es por este canal que se opera el pasaje de lo privado a lo público y, otra vez, desde esa exhibición y circulación incontrolada, la posibilidad de la persecución y el castigo.

La escritura de la novela de Foguet, entonces, se permite esta misma circulación. Hay prefiguraciones de alianzas que podrían trazarse entre la novela y el lector, por las isoglosas que pueden trazarse a partir de diversos sistemas de marcas ansiosas de complicidad. En efecto, ya vimos que hay un límite que separa zonas ideolectales diferenciadas entre Buenos Aires y el interior, cuando nos referimos al 'aca' y el 'acá'. Esa zona dialectal tiene marcas específicas como, además de aca, chuño, api, ututos, chinitero; y tiene representantes literarios específicos como La Negra, Juan José Hernández, Arturo Álvarez Sosa, etc. Del otro lado de la línea, pero atravesándola, vemos las referencias literarias y filosóficas: Jung, Lao Tse, Freud, Góngora, Deleuze, Lezama Lima, Vallejo, Wittgenstein, Proust, Barthes, Novalis, que no solo amplían el espacio urbano provincial a nivel cultural, sino que lo resignifican y hasta lo universalizan.

Otro derrotero está dado por el mapa cotidiano, que se barroquiza para el habitante de Tucumán, o el imaginario que un lector no tucumano, pero flaubertiano podría reconstruir con infinita paciencia; así los nombres de las calles (la 25 de Mayo, la Zelaya, la 9 de Julio) y de bares (La Cosechera, La Cueva de la Lechuza), o bien de plazas y referencias que hacen de la ciudad un espacio concreto, recorrible, a diferencia de Comala o de Macondo. Se suma a esto la característica de personajes de reconocimiento inferible, como Arturo (el poeta tucumano Arturo Álvarez Sosa, de quien se citan sendos poemas), o bien otros cuyos nombres abren el espacio del rumor en procura de su investigación. No faltan incluso episodios fácilmente identificables por cualquier habitante de la ciudad o de la crema noctámbula de La Cosechera, como el que protagonizan Gervasio José y la actriz Isabel Lucena (229 y ss). En un campo más ampliado está el recorrido por los textos periodísticos e históricos, más los saberes culinarios, los ligados al mobiliario y la vajilla, a la cortesía, a las culturas distantes, a ciudades remotas, a la política y a las ciencias. Esta compactación de trazos o itinerarios, alternándose, conviviendo, parodiándose muchas veces, va permitiendo la injerencia del lector en los rumores que convoca cada palabra, cada objeto, cada cita.

Si la novela suscita así el hambre "referencial" del lector —como una contrafigura en espejo de Clara Matilde—, le impone al mismo tiempo el ritmo rumoroso de la sospecha, ese lugar móvil de la certeza. Pero también la novela muestra hasta qué punto es el resultado extractivo del estómago sapiencial del sujeto de la escritura, al que hace vomitar su saber, como —en el relato— Furcade hace hablar a Clara Matilde. El espacio lectoril ingresa de este modo a esta novela-ciudad cuyo mapa, cuyo dialecto, cuyos saberes e interrogantes, son los del mundo contemporáneo ante el balance de sus horrores, empecinamientos, obsesiones y repeticiones.

> La ciudad es el espacio sagrado donde se cumple el destino de los personajes. Renunciar a ella es optar por la locura y el exterminio. Ciudad amada y execrada, ombligo del mundo, ciudad personaje, dirá el crítico. ¿Somos estos? Voces, ecos, la misma voz de siempre, única. (131)

Por eso, en el colmo del sinsentido y de la "errabundez al divino botón", Tucumán, la ciudad "regional" del "interior" de Argentina, es toda ciudad, toda región, todo mundo que se abre infinitamente del otro lado de la frontera del yo. Se trata del espacio regional del mundo de Hugo Foguet.

BIBLIOGRAFIA

Alemán, Jorge. "El retorno de lo político". *Página 12*. 20 Agosto 2015. Online. https://www.pagina12.com.ar/diario/elpais/1-279760-2015-08-20.html

Aráoz, Isabel. "Imágenes de la ciudad en la obra completa de Hugo Foguet". *Orbis Tertius* XX.21 (2015): 51-61. Online. https://www.orbistertius.unlp.edu.ar/article/view/OTv20n21a06/6832

---. "Ciudad y archive en *Pretérito Perfecto* de Hugo Foguet". 2011. Online. https://www.aacademica.org/000-093/183.pdf

---. "Asedios a una poética del espacio. *Pretérito Perfecto* de Hugo Foguet". *Perífrasis. Revista de Literatura, Teoría y Crítica* 2.3 (2011): 74-85. Online. https://revistaperifrasis.uniandes.edu.co/images/foguet.pdf

Babcock, B. *The Reversible World: Symbolic Inversion in Art and Society*. Ithaca, NY: Cornell UP, 1978.

Benjamin, Walter. "On the image of Proust". En *Selected Writings*. Vol. 2: 1927-1934. Cambridge, MA, and London, England: The Belknap Press of Harvard UP, 1999. 237-247.

Bazán, Osvaldo Raúl. *Historia del Noroeste Argentino*. Buenos Aires: Plus Ultra, 1986.

Derrida, Jacques. *Mal de archivo. Una impresión freudiana*. Madrid: Editorial Trotta, 1997.

Ezcurra, María de y José Ricardo Lobo. *Historia de Tucumán: de los tiempos primitivos a 1980*. Tucumán: El gráfico, 1987.

Foa Torres, Jorge. "Cuestión populista y discurso capitalista: un abordaje desde la izquierda lacaniana". En Appleton, Timothy y José Alberto Raymondi, comp. *Lacan en las lógicas de la emancipación. En torno a textos de Jorge Alemán*. Buenos Aires: Ediciones del Seminario, 2018. 277-299

Foguet, Hugo. *Frente al mar de Timor*. Buenos Aires: Granica, 1976.

---. *Pretérito Perfecto*. Buenos Aires: Legasa Editorial, 1983.

---. *Naufragios*. Buenos Aires: El Imaginero, 1985.

---. *Convergencias*. Buenos Aires: Ada Korn Editora, 1986.

Foucault, Michel. *Discurso y verdad. Conferencias sobre el coraje de decirlo todo*. Buenos Aires: Siglo XXI Editores, 2017.

Geirola, Gustavo. "El futuro imperfecto de Hugo Foguet". *La Gaceta de Tucumán*, 21 Febrero 1988. Suplemento Literario, pág. 4.

---. "Cuerpo, violencia y terrorismo en la escritura irónica de Eugenio Cambaceres." *Cuadernos para investigacion de la literatura hispánica* 16 (1992): 111–44.

Gutiérrez, Verónica del Carmen. "Irreverencia, desatino y heterogeneidad en Pretérito Perfecto de Hugo Foguet". *Revista de Crítica Literaria Latinoamericana* 41.81 (2015): 305-316.

Kapferer, Jean-Noël. *Rumors: Uses, Interpretations, and Images*. New Brunswick: Transaction Publishers, 1990.

Laclau, Ernesto. *Política e Ideología en la teoría marxista. Capitalismo, fascismo, populismo*. Madrid: Siglo XXI Editores, 1978.

Leyack, Patricia. *Escrituras en el análisis*. Buenos Aires: Paidós, 2017.

Menchón, Rodrigo. "Laclau, Badiou, Žižek, Alemán, o los cuatro discursos de Lacan". En Appleton, Timothy y José Alberto Raymondi, comp. *Lacan en las lógicas de la emancipación. En torno a textos de Jorge Alemán*. Buenos Aires: Ediciones del Seminario, 2018. 155-165

Morson, Gary Saul y Caryl Emerson. *Mikhail Bahtin. Creation of Prosaics*. California: Stanford UP, 1990.

Páez de la Torre (h), Carlos. *Historia de Tucumán*. Buenos Aires: Plus Ultra, 1987.

Rosenzvaig, Eduardo. *Tucumán: crisis de un modelo y modelo de una crisis*. Tucumán: Universidad Nacional de Tucumán, 1988.

Siles, Guillermo. "Foguet, el escritor navegante que acercó Tucumán al mar". Entrevista de *La Gaceta*, 5 junio 2011. Online. https://www.lagaceta.com.ar/nota/439187/informacion-general/foguet-escritor-navegante-acerco-tucuman-al-mar.html

Stallybrass, Peter y Allon Whithe. *The Politics & Poetics of Transgression*. Ithaca, NY: Cornell UP, 1986.

Otras publicaciones de Argus-a:

Domingo Adame y Nicolás Núñez
Transteatro: Entre, a través y más allá del Teatro

Yaima Redonet Sánchez
Un día en el solar, expresión de la cubanidad de Alberto Alonso

Gustavo Geirola
*Dramaturgia de frontera/Dramaturgias del crimen.
A propósito de los teatristas del norte de México*

Virgen Gutiérrez
Mujeres de entre mares. Entrevistas

Ileana Baeza Lope
Sara García: ícono cinematográfico nacional mexicano, abuela y lesbiana

Gustavo Geirola
Teatralidad y experiencia política en América Latina (1957-1977)

Domingo Adame
Más allá de la gesticulación. Ensayos sobre teatro y cultura en México

Alicia Montes y María Cristina Ares (compiladoras)
Cuerpos presentes. Figuraciones de la muerte, la enfermedad, la anomalía y el sacrificio.

Lola Proaño Gómez y Lorena Verzero / Compiladoras y editoras
Perspectivas políticas de la escena latinoamericana. Diálogos en tiempo presente

Gustavo Geirola
Praxis teatral. Saberes y enseñanza. Reflexiones a partir del teatro argentino reciente

Alicia Montes
De los cuerpos travestis a los cuerpos zombis. La carne como figura de la historia

Lola Proaño - Gustavo Geirola
¡Todo a Pulmón! Entrevistas a diez teatristas argentinos

Germán Pitta Bonilla
La nación y sus narrativas corporales. Fluctuaciones del cuerpo femenino en la novela sentimental uruguaya del siglo XIX (1880-1907)

Robert Simon
To A Nação, with Love: The Politics of Language through Angolan Poetry

Jorge Rosas Godoy
Poliexpresión o la des-integración de las formas en/desde **La nueva novela** *de Juan Luis Martínez*

María Elena Elmiger
DUELO: Íntimo. Privado. Público

María Fernández-Lamarque
Espacios posmodernos en la literature latinoamericana contemporánea: Distopías y heterotopíaa

Gabriela Abad
Escena y escenarios en la transferencia

Carlos María Alsina
De Stanislavski a Brecht: las acciones físicas. Teoría y práctica de procedimientos actorales de construcción teatral

Áqis Núcleo de Pesquisas Sobre Processos de Criação Artística Florianópolis
Falas sobre o coletivo. Entrevistas sobre teatro de grupo

Áqis Núcleo de Pesquisas Sobre Processos de Criação Artística Florianópolis
Teatro e experiências do real (Quatro Estudos)

Gustavo Geirola
El oriente deseado. Aproximación lacaniana a Rubén Darío.

Gustavo Geirola
Arte y oficio del director teatral en América Latina. Tomo I México - Perú

Gustavo Geirola
Arte y oficio del director teatral en América Latina. Tomo II. Argentina – Chile – Paragua – Uruguay

Gustavo Geirola
Arte y oficio del director teatral en América Latina. Tomo III Colombia y Venezuela

Gustavo Geirola
Arte y oficio del director teatral en América Latina. Tomo IV Bolivia - Brasil - Ecuador

Gustavo Geirola
Arte y oficio del director teatral en América Latina. Tomo V. Centroamérica – Estados Unidos

Gustavo Geirola
Arte y oficio del director teatral en América Latina. Tomo VI Cuba- Puerto Rico - República Dominicana

Gustavo Geirola
Ensayo teatral, actuación y puesta en escena. Notas introductorias sobre psicoanálisis y praxis teatral en Stanislavski

Argus-*a*
Artes y Humanidades / Arts and Humanities
Los Ángeles – Buenos Aires
2018

www.ingramcontent.com/pod-product-compliance
Lightning Source LLC
Chambersburg PA
CBHW020443220526
45464CB00002B/830